AF187274

Hans Höfer von Heimhalt

Die Erdbeben Kärntens und deren Stoßlinien

Hans Höfer von Heimhalt

Die Erdbeben Kärntens und deren Stoßlinien

ISBN/EAN: 9783744606196

Hergestellt in Europa, USA, Kanada, Australien, Japan

Cover: Foto ©ninafisch / pixelio.de

Weitere Bücher finden Sie auf **www.hansebooks.com**

DIE

ERDBEBEN KÄRNTENS UND DEREN STOSSLINIEN.

VON

Hörer von Bri...

H. HOEFER,

ORD. PROFESSOR AN DER K. K. BERGAKADEMIE IN PRIBRAM

Mit 3 Kartenskizzen.

BESONDERS ABGEDRUCKT AUS DEM XLII. BANDE DER DENKSCHRIFTEN DER MATHEMATISCH-NATURWISSENSCHAFTLICHEN CLASSE
DER KAISERLICHEN AKADEMIE DER WISSENSCHAFTEN.

WIEN.

AUS DER KAISERLICH-KÖNIGLICHEN HOF- UND STAATSDRUCKEREI.

IN COMMISSION BEI KARL GEROLD'S SOHN,

BUCHHÄNDLER DER KAISERLICHEN AKADEMIE DER WISSENSCHAFTEN.

1880.

DIE

ERDBEBEN KÄRNTENS UND DEREN STOSSLINIEN.

VON

H. HOEFER,

OND PROFESSOR AN DER K. K. BERGAKADEMIE IN PRIBRAM

(Mit 3 Kartenskizzen.)

VORGELEGT IN DER SITZUNG DER MATHEMATISCH-NATURWISSENSCHAFTLICHEN CLASSE AM 23. OCTOBER 1879

Einleitung.

Seit länger als einem Jahrhunderte begegnet man Zusammenstellungen von Nachrichten über stattgefundene Erdbeben; zum grössten Theile sind sie bemüht, derartige Aufschreibungen von der ganzen Erde zusammen zu tragen.

Erst seit wenigen Jahrzehnten tritt das Streben mehr hervor, Erdbebenchroniken für kleinere Gebiete der Erde, meist für einzelne Länder, zu entwerfen.

Über unsere östlichen Alpenländer haben wir von E. Suess[1] für Niederösterreich, von Mitteis[2] für Krain und von Bittner[3] über Venetien; bezüglich Kärntens liegt schon seit einiger Zeit eine vier Seiten starke Notiz von Tomaschek[4] vor, die mit dem Jahre 792 n. Chr. anhebt und mit 1863 abschliesst; dieselbe, blos ein Verzeichniss der Literaturquellen, ist mir für den Beginn meiner Arbeiten als erster Fingerzeig recht werthvoll gewesen, zeigte sich jedoch bald als unvollständig und ohne eingehendere Kritik der Quellen, was auch, wie ich aus dem Titel jener Notiz urtheile, der Verfasser gar nicht anstrebte.

Die Erdbebenchroniken werden auch seit geraumer Zeit wissenschaftlich verarbeitet; die Tendenz der Mehrzahl dieser Untersuchungen ist dahin gerichtet, die Anzahl der Beben nach Jahreszeiten, Monaten oder Stunden des Tages zu gruppiren. Es ergeben sich hiebei Maxima und Minima; dann werden Vergleiche mit anderen kosmischen und terrestrischen Factoren durchgeführt, um auf diese Weise gegenseitige Abhängigkeiten zu erkennen.

---

[1] Suess Ed., Die Erdbeben Nieder-Österreichs. Denkschr. d. k. Akad. d. Wiss. in Wien, 1873, 33. Bd., S. 61.

[2] Mitteis Heinr., Dr., Über Erderschütterungen in Krain. Jahresheft des Vereines des krainischen Landesmuseums. Bd. III, S. 96. Laibach 1862.

[3] Bittner Alex., Beiträge zur Kenntniss des Erdbebens von Belluno vom 29. Juni 1873. Sitzungsber. d. k. k. Akad. d. Wiss. Jahrg. 1874.

[4] Tomaschek Ign., Dr., Naturwissenschaftliche Miscellaneen. (1. Angaben von Literaturquellen über Erdbeben in Kärnten.) Jahrb. d. naturhist. Landesmuseums von Kärnten. Bd. VI, S. 166.

1

Schon Pilgram, vor fast einem Jahrhunderte, glaubte Beziehungen zwischen den Erdbeben und den Witterungsverhältnissen, sowie gegenüber der Häufigkeit der Nordlichter erkannt zu haben; er basirte seine Schlüsse auf die vergleichende Statistik. Nach ihm wurden mit besonderer Vorliebe auf ähnlichem Wege etwaige Abhängigkeiten zwischen dem Barometerstande und der Häufigkeit der Erdbeben aufgesucht; diese Studien wurden in den allerletzten Decennien meist auf die Ursache gelegt, bis sie erst in jüngster Zeit von dem bekannten Astronomen Dr. J. F. J. Schmidt in Athen wieder sorglicher gepflegt wurden. Sie mussten während einer geraumen Zeit einer anderen Richtung Platz machen, welche insbesondere durch Perrey repräsentirt wird; derselbe fand, dass die Maxima und Minima in der zeitlichen Häufigkeit der Beben mit jenen der Intensität der Mondanziehung zusammen fallen, und R. Falb glaubte überdies noch den Einfluss der Sonne auf den von uns bewohnten Planeten mit in die Rechnung stellen zu müssen; auch der schon einmal genannte Astronom Dr. J. Schmidt führte in diesem Sinne exacte Studien durch.

Es hat sich also schon seit langem eine Schule von Seismologen herangebildet, welche entweder ausschliesslich oder vorwiegend Beziehungen zwischen den Erdbeben und den ausserhalb der Erdkruste liegenden Factoren, klimatischen und kosmischen, zu ergründen bestrebt war, und da sich dieselbe auf die Erdbebenchronik und deren statistische Verarbeitung stützt, so können wir sie füglich die „statistische Schule" heissen.

Dieser Richtung entgegengesetzt entwickelte sich insbesondere in neuerer Zeit die „monographische Methode"; dieselbe untersucht ein Erdbeben an und für sich und ist bemüht, dessen individuelle Erscheinungsweise zu studiren und hieraus Schlussfolgerungen über einzelne Factoren dieses Bebens zu ergründen. Sie will zuerst das Wesen der Erderschütterung erkennen und hat somit in erster Linie nur die Erdkruste als Herd und Träger der Erscheinung im Auge, anhoffend, dass durch eine grössere Reihe derartiger monographischer Arbeiten sicheres Material aufgesammelt werde, um später durch Vergleiche die allgemein wirkenden Factoren und die letzte Ursache der Erscheinung constatiren zu können. Sie kann füglich eines Erdbebencataloges entbehren, wie wir dies auch in vielen Monographien begegnen.

Dr. O. Volger studirte die Erdbeben der Schweiz sowohl in statistischer als auch in monographischer Hinsicht; in letzterer Beziehung wich er von ähnlichen Untersuchungen ab, indem er an der Hand der Erdbebencatalogc habituelle Stossgebiete nachzuweisen bemüht war, die geologischen Verhältnisse derselben studirte und auf diese Weise zu Schlussfolgerungen über die Entstehung der Erdbeben gelangte. Auch E. Suess unternahm es, und zwar mit grossem Erfolge, beide genannten Untersuchungsmethoden zu combiniren; er begnügte sich mit der monographischen Bearbeitung älterer und moderner Beben nicht, sondern bestimmte auf Basis der Cataloge habituelle Stosspunkte, die er durch Stosslinien verband, welche sich auch durch das Wandern des Stosspunktes und durch die Form der Intensitätszonen nachweisen liessen.

Diese seismologischen Untersuchungsmethoden können füglich als „historisch-monographische" bezeichnet werden.

Während die statistische Schule auch die meteorologische und astronomische genannt werden könnte, so gehören die beiden anderen, die monographische und historisch-monographische, ausschliesslich in das Gebiet der Geologie.

Im Vorstehenden versuchte ich es, die verschiedenen Untersuchungsmethoden der Seismologie in wenigen Strichen zu kennzeichnen; jede ist bemüht, gewisse Beziehungen des Erdbebens mit anderen Factoren oder auch die Ursache der Erscheinung zu erforschen, jede hat auch ihre volle Berechtigung, weshalb ich es für angezeigt hielt, die Erdbeben Kärntens nach allen diesen genannten Richtungen zu untersuchen.

Als Basis diente mir die Chronik der Kärntner Erderschütterungen, eine langwierige und vieljährige Arbeit, welche sich jedoch auf Kärnten allein nicht beschränken konnte, sondern auch gleichzeitige oder nahezu gleichzeitige Beben in den Nachbarländern oder ferneren Gebieten zu berücksichtigen hatte. Dabei stiess ich sowohl in älteren als auch in neueren Literaturquellen auf viele (absichtliche oder unfreiwillige) Schreibfehler, insbesondere in den Ziffern, so dass dieselben einer eingehenden Kritik unterzogen werden mussten; diese Arbeit liess ich zu meiner eigenen Rechtfertigung sowohl, als auch zur Richtigstellung der bisherigen Fehler in den allgemeinen Catalogen der Kärntner Erbebenchronik folgen. Wenn ich in dieser nicht alle jene Werke citirte, welche Zusammenstellungen von Erdbeben grosser Ländergebiete oder der ganzen Erde bringen, wie z. B. Perrey, so ist dies in meinem Streben begründet, vorwiegend nur Quellenwerke zu nennen, da ja sonst die Reihe der Citate nur nutzlos ausgedehnt worden wäre; wohl war ich mehrmals veranlasst, auf Schreibfehler in derartigen compilatorischen Arbeiten hinzuweisen, musste mich jedoch gewöhnlich auch damit begnügen, nur jene Quelle zu nennen, in welcher eine solche Irrung zuerst auftaucht, verzichtend auf die Citirung aller jener Publicationen, welche diesen Fehler nachschrieben.

In der vorliegenden Abhandlung begnügte ich mich hinsichtlich der Verarbeitung des gesichteten Beobachtungs-Materiales mit monographischen Untersuchungen und mit Studien im Sinne der historisch-monographischen Schule; in letzterer Beziehung drängte sich mir unwillkürlich die Frage auf, ob die Kärntner Erdbeben ebenfalls Stosslinien — im Sinne E. Suess' — erkennen lassen. Es wurde dann die ganze lange Reihe der bemerkenswertheren Erdbeben in chronologischer Folge untersucht, und es zeigte sich klar, dass die gestellte Frage mit „Ja" beantwortet werden muss. Die Bestimmung der Lage dieser Stosslinien wurde nach verschiedenen Methoden vorgenommen, und die häufig activen Stosslinien wurden nach verschiedenen Untersuchungsarten übereinstimmend constatirt.

Die gefundenen Stosslinien zeigen eine gewisse Gesetzmässigkeit in ihren Lagen und ganz eigenthümliche Beziehungen zu Erderschütterungen, welche entweder gleichzeitig oder nahezu gleichzeitig in weit entfernten Gebieten stattfanden, und die von den Verlängerungen der Stosslinien getroffen wurden.

Aus der Lage dieser seismischen Linien wurde auf ihre Entstehung und Bedeutung geschlossen; das Resultat war der Nachweis einer stauenden Kraft, welche innerhalb der östlichen Alpen im Allgemeinen von Süd nach Nord gerichtet und jetzt noch thätig ist.

In einer nachfolgenden Studie gedenke ich die Kärntner Erdbeben nach der statistischen Methode zu untersuchen; die Zusammenstellung und Sichtung des meteorologischen Theiles bedarf jedoch einer geraumen Zeit; doch so viel lässt sich jetzt schon erkennen, dass die Statistik der Kärntner Erderschütterungen die Falb'sche Hypothese nicht zu stärken vermag.

Es erübriget mir nun die angenehme Pflicht, allen Jenen verbindlichst zu danken, welche mich bei der Aufsammlung des Quellenmateriales mit besonderer Güte unterstützten; es sei mir erlaubt, hier Jene zu nennen, welche mir ihre Mitwirkung in besonderer Masse zuwendeten; die hochwürdigen Herren: Fürsterzbischof Dr. Valentin Wiery in Klagenfurt, der Abt des Benedictinerstiftes St. Paul Dr. Duda, die meteorologischen Beobachter Dechant Ferčuik in Saifnitz, Dechant P. Kohlmayer in Berg und Pfarrer R. Kaiser in Hausdorf; der Geschichtsforscher P. Beda Schroll in Ebendorf. Sehr werthvolle Hinweise verdanke ich A. v. Gallenstein, Secretär des Geschichtsvereines und Bretterklieber, Vorstand der Studienbibliothek in Klagenfurt, welche mir die ihnen anvertrauten Bibliotheken und Archive bereitwilligst zur Verfügung stellten und mir mehrere hier nicht vorfindliche Behelfe von auswärts besorgten.

Von Jenen, welche ausserhalb Kärntens wirken und meine Arbeit fördernd unterstützten, fühle ich mich in innigster Dankbarkeit zu nennen verpflichtet die Herren: Professor E. Suess, welcher mir eine Reihe werthvoller seismologischer Werke gütigst zur Durchsicht anvertraute, und Dr. Hahn, Director der Münchener Staatsbibliothek, dessen Güte ich Abschriften von einigen auf Kärntner Erdbeben bezugnehmender Urkunden verdanke.

———

Literarische Behelfe.

1. Achatzel's Tagebuch (Manuser.) gibt viele von ihm in Klagenfurt beobachtete Reben an; doch fast alle Angaben finden sich in anderen Quellen wieder, ausgenommen die Barometer- und Thermometer-Ablesungen.

2. Ainether: Arnoldsteiner Chronik (Manuser.), nach P. Schroll im Jahre 1714 geschrieben.

3. Amtliche Berichte der k. k. Bezirksämter an die k. k. Landesregierung von Kärnten, vorwiegend Reben der Fünfzigerjahre dieses Säeulnus behandelnd (Manuser.); im naturhist. Landesmuseum aufbewahrt.

4. Archiv für vaterländische Geschichte und Topographie; herausgeg. vom Geschichtsverein für Kärnten. 14 Bände.

5. Arznei-Buch = „Arzney-, Bader- und Apotheker-Buch"; ein Manuscript aus dem 15. Jahrhundert, aufbewahrt in der k. Bibliothek in München.

6. P. Benedikt's Tagebuch. Der besonderen Güte des hochwürdigsten Prälaten des Stiftes St. Paul, Herrn Dr. Duda, verdanke ich einen Auszug aller jener Aufschreibungen, welche sich auf Kärntner Erdbeben beziehen. In der Erdbebenchronik wird diese Quelle nur dann genannt, wenn die übrigen allgemein zugänglicheren Rückschaft sind.

7. Benedikt und Hermanitz: Zur Geschichte Kärntens; Manuscript, aufbewahrt im Archive des Kärntner Geschichtsvereines.

8. Bittner Alex.: Beiträge zur Kenntniss des Erdbebens von Bellune vom 29. Juni 1873. Sitzungsber. d. k. Akad. d. Wiss. in Wien, Bd. LXIX.

9. Boegner J.: Das Erdbeben und seine Erscheinungen. Frankfurt a M. 1847.

10. Boehmer Joh. Friedr.: Johannes Victoriensis und andere Geschichtsquellen Deutschlands. Stuttgart 1843.

11. Boué, Dr. A.: s. Über die Erdbeben im December 1857, dann im Jänner und Februar 1858 (Sitzungsber. d. k. Akad. d. Wiss. in Wien, Bd. XXVIII, S. 321.)

12. Boué, Dr. A.: 5. Über die Erdbeben vom Jahre 1868 in der Mitte Ungarns. (Sitzungsber. d. k. Akad. d. Wiss. in Wien, Bd. LVIII, S. 863; auf S. 878 ist ein kurzer Erdbebencatalog für Kärnten.)

13. Corinthia. Klagenfurt 1811 bis 1878. 67 Bände.

14. Dieffenbach Ferd.: Plutonismus und Vulcanismus in der Periode von 1868 -1872 etc. Darmstadt 1873.

15. Dimitz Aug.: Geschichte Krains von der ältesten Zeit bis auf das Jahr 1813. Laibach 1874—76.

16. Draupost. Villach und Klagenfurt 1863—66.

17. Eggh = Brief des krain. Vicedoms Jörg von Eggh an den kaiserlichen Hofmeister Paul von Lichtenstein. Münchener Codex.

18. Falb Rud.: Gedanken und Studien über den Vulcanismus. Graz 1875.

19. Ferčnik. Der Güte des Dechantes Herrn Ferčnik verdanke ich viele briefliche Mittheilungen aus dem meteorologischen Journale in Saifnitz; dieselben haben Prettner's Angaben theils ergänzt, theils berichtigt.

20. Freie Stimmen. Klagenfurt 1870—78.

21. C. W. C. Fuchs: Bericht über die vulcanischen Ereignisse der Jahre 1873 bis 1878. (Tschermak's Mineral. Mitthell. 1874—79.

22. Gilbert und Churchill: Die Dolomitberge; übersetzt von G. A. Zwanziger. Klagenfurt 1865.

23. Görtschacher meteorologisches Journal; da dasselbe nie publicirt wurde, so musste es speciell genannt werden; es ist im naturhist. Landesmuseum aufbewahrt.

24. Hermann H.: Handbuch der Geschichte des Herzogthums Kärnten. Klagenfurt 1843.

25. Hermann H.: Klagenfurt wie es war und ist. Klagenfurt 1842. — Die Erdbebennachrichten, welche sich darin vorfinden, sind durchwegs auch in 21. aufgenommen, weshalb stets nur das Handbuch citirt wird.

26. Hoff K. E. A., v.: Geschichte der natürlichen Veränderungen der Erdoberfläche. — Für Kärnten fast nie, jedoch für auswärtige Reben als Quelle benützt.

27. Hohenauer: Das Möllthal im Villacher Kreise. (Kärntnerische Zeitschrift, Bd. VIII.)

28. Incipit liber de naturis rerum, Das ist das noch von den Naturlichen dingen, zu deutsch pracht von meister Thaverazten vom Mayenberch. — Das Original (1377) befindet sich in der k. Bibliothek zu München; eine auf das Erdbeben 1348 bezügliche Stelle wurde in der Carinthia. 1865, S. 361 abgedruckt.

29. Jabornegg-Altenfels, v.: Auszug aus dem Zeitbuche des kärntnerischen Geschichtsvereines, begonnen mit 1809. Dasselbe lag mir im Manuscripte vor; später (1875) wurde dasselbe in der Carinthia veröffentlicht, wobei sich mehrere Druckfehler in den Zeitangaben einschlichen.

30. Kärntner Blatt. Klagenfurt 1869—76.

31. Kärntner Chronik = Chronika von dem Lande Khärnten; ein aus dem Jahre 1764 stammendes, vom Geschichtsvereine in Klagenfurt aufbewahrtes Manuscript.

32. Kamptner. Der Güte des k. k. Forstmeisters in Pens, Herrn Kamptner, verdanke ich mehrere briefliche Mittheilungen aus dem Journale der meteorologischen Station Sachsenburg.

33. Khepltz: Clagenfurterische Chronica, Was in und aus Clagenfurth von Anno 1511 bis widerumb An. 1611 als von 100 Jahren in fraktt und lnidt denckwierdiges sich zugetragen. — Diese Reimchronik wurde im Jahre 1790 von einem C. W. M. unter dem Titel veröffentlicht: Aechte Urkunden von Erbauung der Hauptstadt Klagenfurt etc.

34. **Klagenfurter Zeitung.** Von derselben standen mir die Jahrgänge 1816—78 zur Verfügung.

35. **Klima Kärntens** von J. Prettner (Jahrb. d. naturhist. Landesmus. f. Kärnten. Bd. XI); die darin mitgetheilten, auf Erdbeben bezüglichen Zeitangaben mussten manchmal nach den meteorologischen Monatsberichten corrigirt werden; letztere sind die Quellen für Prettner's Klima.

36. **Kluge, Dr. K. E.:** Über die Ursachen der in den Jahren 1850 bis 1857 stattgefundenen Erderschütterungen etc. Stuttgart 1861.

37. **Kohlmayer.** Der besonderen Güte des Dechants Herrn P. Kohlmayer, derzeit in Berg, verdanke ich viele briefliche Mittheilungen aus seinen meteorologischen Journalen.

38. **Kurzer Bericht** von der Stadt Villach in Kärnten, von wem solche Erbauet ist worden — und was sie seit dessen guets und Böses überstanden hat. — Dieses nur zwei Seiten umfassende, vom Kärntner Geschichtsvereine aufbewahrte Manuscript schliesst mit 1759; es ist eine compilatorische Arbeit ohne besonderen Werth.

39. **Lib. memor.** — Die bei den Pfarren geführten Gedenkbücher gaben nur unbedeutende Ausbeute.

40. **Mayr Karl:** Geschichte der Kärnter und Merkwürdigkeiten ihrer heutigen Provinz. (III und Wolfsberg 1785.

41. **Meglaer Hier.:** Annales Carinthiae, das ist Chronica des löblichen Erzherzogthumes Kharnthen etc. Leipzig MDCXII. Er ist als unverlässlicher Chronist bekannt; auch bezüglich der Jahreszahlen der Erdbeben ist er reich an argen Irrungen, die ihm Andere kritiklos nachschrieben.

42. **Met. Mon.-Ber.** = Meteorologische Monatsberichte. Dieselben wurden von 1841 ab in den „Mittheilungen über Gegenstände der Landwirthschaft und Industrie Kärntens", von 1860 ab in den Jahrbüchern des naturhist. Landesmuseums für Kärnten (Bd. V—XIII) publicirt.

43. **Mittels, Heinr. Dr.:** Über Erderschütterungen in Krain. (Jahresheft des Vereines des krainerischen Landesmuseums, Heft III, 1862.)

44. **Muchar Alb.,** v.: Geschichte des Herzogthums Steiermark. Graz 1844.

45. **N. Jahrb. f. Min.** = Neues Jahrbuch für Mineralogie, 1807—78; demselben wurden mehrere Notizen entnommen, welche in diesem Literaturverzeichnisse nicht speciell, wohl jedoch in der Erdbebenchronik genannt wurden.

46. **Pilgram Ant.:** Untersuchungen über die Wahrscheinlichkeit der Wetterkunde. Wien 1788.

47. **Pitoni's Giorgio** Geschichte der Stadt Belluno (Venedig 1607) lag mir nicht vor; hinsichtlich der auf das grosse Beben 1348 bezüglichen Mittheilung hatte ich zwei fast wortgetreue Übersetzungen von G. v. Rath und Bittner.

48. **Piatt Joh. Adam:** Beschreibung der Stadt Villach. 1736. Manuscript, vom Geschichtsvereine aufbewahrt.

49. **Radics, P. v.:** Das grosse Erdbeben in Krain im J. 1511. (III. Jahresheft des Vereines des krainischen Landesmuseums. Laibach 1862.)

50. **Reichart Albert:** Breviarium Historiae Carinthiae. Klagenfurt 1675.

51. **Rohrmeister** begann eine Manuscriptchronik, welche auch noch jetzt im Ursulinerinnen-Kloster fortgesetzt wird.

52. **Rubeis:** Chronicon Forijulii bei Monumenta Ecclesiae Aquilejensis.

53. **Seyfart Joh. Friedr.:** Allgemeine Geschichte der Erdbeben. Frankfurt und Leipzig 1756.

54. **St. Pauler Archiv** = Archivum monast. St. Pauli registratum per Hieronymum abbatem anno 1618.

55. **Star D.:** Das Erdbeben von Klana im Jahre 1870. (Jahrb. d. k. k. geol. Reichsanst. 1871.)

56. **Süddeutsche Post.** Villach 1867—78.

57. **Suess Ed.:** Die Erdbeben Nieder-Österreichs. (Denkschr. d. k. Akad. d. Wiss. in Wien. 1873.)

58. **Tirolische Chronik.** Dieselbe ist partienweise in Gestalt von Anmerkungen an Goswin's Chronik abgedruckt in „Zeitschr. f. Tirol und Vorarlberg etc." Bd. I, p. 67—166. Innsbruck 1825.

59. **Unrest Joh.:** Chronik von Kärnten. — Manuscr. Nr. 321 d. Geschichtsvereines für Kärnten; diese Abschrift wurde im Jahre 1798 genommen.

60. **Valvasor Kärnten** = Topographia archiducatus Carinthiae etc. Nürnberg 1688.

61. **Valvasor Krain** = Die Ehre des Herzogthums Crain etc. 4 Foliobände. Nürnberg 1689.

62. **Villacher Revers** = Revers von der Statt Villach, der auss Gnaden ihnen nachgesehenen Steuer etc. 1551 in: Gründliche Information über den Hoch-Stiffts Bamberg Kärnthlichen Herrschaften. Eine Copie dieses Reverses verdanke ich der besonderen Güte des Herrn Dr. Hain, Director der Staatsbibliothek in München.

63. **Volger G. H. Otto:** Untersuchungen über das Phänomen der Erdbeben in der Schweiz. 3 Bände. Gotha 1857.

64. **Vonend Phil.:** Die Herrschaften des vormaligen Hochstiftes Bamberg in Oberkärnten mit Rücksicht auf die Stadt Villach. Villach 1858. Das Manuscript stammt aus dem Jahre 1824.

65. **Walther B. S.:** Die Erdbeben und Vulcane, physisch und historisch betrachtet. Leipzig 1808.

66. **Weiss A.:** Kärntens Adel bis zum Jahre 1300. Wien 1869.

67. **Ztschft. d. deutsch. Alp.-Ver.;** die Zeitschrift des deutschen Alpenvereines enthält mehrere von C. W. C. Fuchs verfasste Jahresberichte über Erdbeben; diese Quelle wurde nur dann citirt, wenn die Kärntner Quellen von einem Beben im Lande schweigen, oder wenn diese mit den Angaben Fuchs' im Widerspruche stehen.

68. **Ztschft. d. öst. Ges. für Meteorlg.** wurde nur dann citirt, wenn Prettner's Angaben in den Meteor. Monatsber. unvollständig sind.

69. **Ztg. f. Kärnt.** = Zeitung für Kärnten, redigirt von Dr. A. Hussa. Klagenfurt 1861—62.

Chronik der Erdbeben.

Die vagen Angaben Pilgram's, dass in den Jahren

365,

370,

438,

1116

die ganze Erde, somit auch Kärnten, erschüttert wurde, verdienen wohl keine weitere Berücksichtigung.

792.

Nachdem im Herbste des vorhergegangenen Jahres Kärnten, Krain, Friaul, insbesondere die See-städte Salona und Jadera durch „grosse Wässer" Schaden litten, wurden dieselben Gegenden im Jahre 792 von einem starken Erdbeben heimgesucht. (Megiser, p. 499, Valvasor, Krain, XIV. Buch, p. 248.) (Quellen-kritik, 1.)

1167.

Durch einen Druckfehler in der Carinthia (1873, p. 314) wurde obige Jahreszahl statt 1267 gesetzt. Briefliche Mittheilung des Autors Herrn B. Schroll.)

1201.

4. Mai (alten Stil) sehr heftiges Erdbeben, welches sich durch die ganze Steiermark bis hinauf über Langau in das Land der Tauern erstreckte; zahlreiche Kirchen stürzten ein, festgemauerte Häuser wurden zertrümmert. Im Schlosse zu Weitenstein in der slovenischen Steiermark erschlug ein einstürzender Thurm den steierischen Ministerialen Hartrod mit 7 Menschen; das Schloss Katsch war herabgestürzt und begrub unter seinen Trümmern alle Bewohner, und durch das ganze Langau erlebte der Erdboden so gewaltig und lange Zeit hindurch, dass fast alle Bewohner ihre Häuser verliessen und das ganze Jahr hindurch unter freiem Himmel in Hütten, aus Baumästen und Erde aufgerichtet, zubrachten. (Muchar, Bd. V, p. 33.) Nachdem dieses Erdbeben, welches, wie es scheint, vorwiegend Steiermark verwüstete, an den unmittelbaren Grenzen Kärntens so bedeutenden Schaden verursachte, so kann es wohl keinem Zweifel unterliegen, dass es sich auch über Kärnten ausbreitete. (Quellenkritik 2.)

Nach Jeitteles soll diese Erderschütterung auch in Böhmen, Schlesien und Niederösterreich (besonders in Wien und Melk) zerstörend aufgetreten sein; er glaubt, dass hier möglicher Weise eine Ver-wechslung mit dem Jahre 1199 vorliege.

1204.

In diesem Jahr wird irrthümlicher Weise von Mehreren das Beben von 1201 verlegt. (Quellenkritik 2.)

1267.

Ein Erdbeben, welches insbesondere in Obersteier arge Verwüstungen anrichtete, zerstörte Gebäude (Carinthia 1873, p. 314, nach Chron. Leobiens.)

1340.

Valvasor bemühte sich vergeblich, nachzuweisen, dass das unter 1348 beschriebene Erdbeben in diesem Jahre stattgefunden habe. (Quellenkritik 3.)

1348.[1]

Am Tage Pauli Bekehrung (25. Jänner a. St.) zur Vesperzeit circa um 4 Uhr Nachmittags, fand das unter der Bezeichnung „Villacher" bekannte Erdbeben statt, welche den Absturz eines Theiles der Südwände der Villacher Alpe (Dobratsch) bedingte, in Kärnten grossartige Verheerungen bewirkte, und von welchem sich ein weitausgedehntes Erschütterungsgebiet nachweisen lässt. Durch den plötzlichen Absturz des südlichen Theiles der Villacher Alpe bildete sich eine riesige Schutthalde, die jetzt noch unter dem Namen Schütt bekannt ist und auf eine Länge von nahezu einer deutschen Meile das linke Ufer des Gailflusses bildet. Durch diesen Felssturz sollen 17 Dörfer und Weiler, 3 Schlösser und 9 Gotteshäuser verschüttet worden sein, erstere werden von Ainether alle genannt, während er nur 2 Gotteshäuser und 2 Schlösser namentlich aufführt. Die betreffende Angabe lautet: 1. St. Johannis sammt der Pfarrkirche und Schloss Lienburg, so oder dem Dorfe gestanden. 2. Forst oder Doxforst genannt. 3. Regga, das Dorf völlig verschüttet, nur das Gotteshaus und darin drei Personen blieben erhalten. 4. Ober-Mensach oder Neissach genannt. 5. Unter-Neissach. 6. Mutsach oder Meussach genannt. 7. Prugg oder Pruckh genannt. 8. Soriach. 9. Weinzirkhl. 10. Nohl oder Zohl genannt. 11. Campnitz. 12. Am Moos genannt. 13. Zettnitz. 14. Tetrieb. 15. Saxtra. 16. Döllach. 17. Pogariah mit Gotteshaus und Schloss also genannt.

Nachgrabungen, welche zu Beginn dieses Jahrhundertes in der Schütt unternommen wurden, fanden alte Mauern und Menschenskelette (Carinthia 1815). Der durch den Absturz entstandene Schuttkegel breitete sich auch derart gegen Süden aus, dass er die Gail staute, so dass sie zu einem völligen See anschwoll, welcher 10 Dörfer überfluthet haben soll. (Pilgram, p. 284.) Mag sein sein, wie da wolle; es ist zweifelsohne, dass durch die Schütt eine bleibende Stauung der Gail bewirkt wurde, welche eine der Ursachen der ausgedehnten Versumpfung war und ist, und nun durch die systematisch geführten Regulirungsarbeiten behoben werden soll.

Es ist schon von mehreren Seiten darauf hingewiesen worden, wie unwahrscheinlich es ist, dass auf einer verhältnissmässig so geringen Fläche, welche die Schütt bedeckt, 17 Dörfer gestanden hätten; ich glaube dass die in Ainether's Arnoldsteiner Chronik angeführten Namen auch vielfach nur auf vereinzelte Weiler oder Gehöfte zu beziehen seien. Urkundlich lässt sich nachweisen, dass die Pfarre St. Johann, das Schloss Lienburg (Lemburg oder Leinburg) und der „Weiler" Prugg, alle in der Nähe Arnoldsteins gelegen, vor dem Bergsturze existirten. Dadurch erhalten jedenfalls die Ortsangaben der Arnoldsteiner Chronik ein grösseres Gewicht, welche jedoch nur die Lage von St. Johann, Doxfort und Prugg näher bezeichnen kann.

Das Kloster Arnoldstein, den Südwänden der Villacher Alpe gegenüberliegend, konnte von der Schütt nicht mehr erreicht werden; das Erdbeben selbst scheint hier nicht besonders verheerend aufgetreten zu sein, da keiner der Chronisten hievon berichtet und die Sage den Abt Florimundus das grandiose Ereigniss des Bergsturzes vom Klosterfenster aus beobachten lässt; hingegen erzählt Hermann (I., p. 27) ohne Quellen zu citiren, dass die am südöstlichen Fusse der Villacher Alpe gelegene Burg Federaun eingestürzt sei.

Grossartig waren die Zerstörungen, welche die Stadt Villach durch das Erdbeben und durch eine in Folge des Häuserclusturzes entstandene Feuersbrunst erlitt, ja Jak. Unrest weiss zu berichten, dass nur zwei Capellen und mehrere Holzhäuser erhalten blieben. Die von mehreren Chronisten erwähnte Nachricht, dass die Stadt auch durch Wasserfluthen, welche aus mehreren im oberen Stadttheile entstandenen Erdspalten hervorbrachen, stark zerstört wurde, ist darum anzuzweifeln, da der Villacher Revers (1351) nur von dem Schaden spricht, welchen das „Erdbieben und Fewer" verursachte; doch kehrt die Nachricht von dem plötzlichen Hervorbrechen zweier heisser Quellen, welche schwarzes Wasser auswarfen, so häufig in den verschiedenen Chroniken wieder, dass diese Mittheilung nicht anzuzweifeln ist, wenn wir auch nicht an einen bedeutenden durch sie verursacht sein sollenden Schaden glauben können.

In Villach haben viele Menschen ein jähes Ende gefunden, insbesondere jene, welche sich in der Vesper befanden, als die Kirche zusammenbrach; damit dürfte die jetzige Pfarrkirche zum h. Jakob gemeint sein,

---

[1] Es würde der Text zu häufig unterbrochen und dadurch vielleicht weniger klar werden, wenn überall die Quellen eingeschaltet worden wären; ich stelle sie deshalb häufig in die Quellenkritik 3.

deren Neubau in das Jahr 1360 fällt. Die Zahl der Todten wird von Villach allein in keiner Quelle genannt, für das ganze Land wird sie von Pilgram (p. 284) mit mehr als 5000 angegeben.

Die Mittheilung mehrerer Chronisten, dass Villach vor dem Beben im Jahre 1348 eine viel grössere Ausdehnung, bis zur Gail reichend, als heut zu Tage besessen habe, stellt sich als unwahr heraus.

Nach Vonend's Erzählung, die zwar nichts an Phantasie, wohl jedoch an Quellennachweis sehr viel zu wünschen übrig lässt, bildete sich zur Zeit des Erdbebens auf der bewaldeten Nordseite der Villacher Alpe, ober Guritschach, ein Strom, welcher sich nach dem Dorfe St. Martin herabstürzte, da die Häuser überschwemmte und ein kleines Thal grub, in welchem nun vier Mühlen stehen. Die Bewohner der Ortschaft sollen noch Jahrhunderte lang den Tag Pauli Bekehrung zur Erinnerung an diese Katastrophe gefeiert haben.

Über die weiteren Zerstörungen, welche dieses Beben in Kärnten zur Folge hatte, haben wir nur wenige Nachrichten; so erwähnt Hermann (I., p. 27), doch ohne Quellenangabe, dass die Burgen Kellerberg (bei Paternion) und Hollenburg (südlich von Klagenfurt an der Drau) eingestürzt seien. Viele Geschichtschreiber sagen übereinstimmend, dass das Schloss Wildenstein oder Willenstein im Jaunthale, am Nordfusse des Obirs, durch dieses Erdbeben zur gänzlichen Ruine ward; ein gleiches Geschick erfuhr nach Valvasor (Kärnten, p. 45) die alte Burg Feiersperg bei Bleiburg, welche oberhalb des jetzigen Schlosses
. gleichen Namens stand.

Alle die genannten Orte und Schlösser, Kellerberg, Villach, Hollenburg, Wildenstein und Feiersperg liegen annähernd in einer Westost-Linie, sehr nahe der Drau; hingegen besitzen wir sehr wenige Aufzeichnungen über grössere Zerstörungen im Lande, welche ausserhalb der erwähnten Stosslinie liegen. So erzählt Hermann (I, p. 27) ohne Quellenangabe, dass ein Stück der Gerlitzen (2 Meilen nordöstlich von Villach) in den Ossiacher See abgestürzt und Pilgram (p. 284), dass ein Theil der Landstrasse bei Ossiach in den selben versunken sei.

Bezüglich des Canalthales wird blos berichtet, dass die Mark Tarvis bedeutend erschüttert wurde.

Die Dauer des Bebens wird von den meisten und zwar verlässlichen Chronisten mit 40 Tagen angegeben. Viele wissen auch von Dünsten zu berichten, welche der Villacher Alpe entstiegen, die Luft vergifteten und im nächsten Jahre eine grosse Sterblichkeit zur Folge hatten.

Noch merkwürdiger klingen die Mittheilungen, dass durch das Erdbeben Menschen und Thiere, insbesondere auf erz- und salzführenden Gebirgen, salzähnlich versteinert wurden, und dass Conrad v. Weidenberg, ein grosser Künstler und Sternseher, sammt des Herzog von Österreichs Kanzler auf einer Alpe in Kärnten eine Magd, welche eine Kuh melkt, in Salzstein verwandelt sahen.

Wenn ich noch erwähne, dass P. Kohlmayer (l'Ar. 1874, p. 170) vermuthet, das Schloss Oedenfest bei Aulach im oberen Drauthale dürfte durch dieses Beben total zerstört worden sein, so sind alle auf Kärnten bezüglichen Nachrichten, die ich aufzufinden vermochte, erschöpft.

Das Erschütterungsgebiet dieses Bebens war ein sehr ausgebreitetes und erstreckte sich über Krain bis Dalmatien, über Friaul nach Venetien und der Lombardei (zum Theil), ja in Rom und Neapel sollen gleichzeitig Erdstösse verspürt worden sein; Tirol und Basel(?) in der Schweiz, Schwaben, Baiern, Nieder-Osterreich bis Marchfeld, Böhmen und Mähren[1], Steiermark[2] und Ungarn werden von den Chronisten als vom Erdbeben betroffen genannt.

Bezüglich Krains sagt Valvasor, dass „Inner-Krain durch ein gewaltiges Erdbeben" erschüttert wurde, ohne dass er speciell von Zerstörungen daselbst berichtet. Diese jedoch traten in Venetien, insbesondere in der Friaul in grossartigem Maasstabe auf, wovon uns Giorgio Piloni wie folgt erzählt:

„Im Jahre 1348, am Tage des h. Paulus, entstand um 5 Uhr (italienische Zeit, also kurz vor Mitternacht) (?) ein sehr grosses Erdbeben, wie nie Jemand eines in diesen Gegenden erlebt hatte, welches Kirchen,

---

[1] Nach Heinrich (v. Jeitteles, S. 297) sollen in Böhmen und Mähren in Folge dieser ausgedehnten Erderschütterung viele Häuser eingestürzt sein; hierüber wäre eine eingehendere Quellenkritik sehr erwünscht.

[2] Ob das vom 25. Jänner 1348 angegebene Beben, welches Marburg stark verheerte, nicht etwa auf 1348 zu verlegen ist?

Thürme und Häuser niederwarf und viele Menschen tödtete. Aber am furchtbarsten war die Zerstörung, die es in Friaul anrichtete, denn es fiel hier der Palast des Patriarchen von Udine mit vielen anderen Gebäuden, es wurde das Castell von San Daniel, von Vensone, von Tolmezzo, das Gebiet von Villach und ein grosser Theil dessen von Gemona zerstört. Zu Venedig wurde der Canale grande trocken gelegt und viele Paläste niedergeworfen."

Über Tirol, und zwar dessen südlichen Theil, konnte ich folgende Nachrichten auffinden. Gilbert und Churchill erzählen (Bd. II, p. 137), ohne auf die Quelle zu verweisen, über die Umgebung von Primiero: „Nahe bei dem letztern Dorfe" (es war von Sinr die Rede) „lagen die Silberbergwerke, und zwischen demselben und Tonadigo, knapp am Fusse der Cima Cimedo, stand einst das Dorf Pin Baco, welches durch das Erdbeben am 25. Jänner 1348 — dasselbe, welches den ungeheuren Bergsturz des Dobratsch in Kärnten verursachte und Villach so viel Schaden zufügte — zerstört wurde, überschüttet von einer Abrutschung der Cima an ihren tieferen Abhängen. Die Anzeichen dieser Begebenheit sind noch sichtbar."

Eine alte „Tirolische Chronik",[1] welche nebenbei bemerkt dieses grosse Erdbeben irrthümlicher Weise auf den 27. Jänner 1348 verlegt, beschreibt zuerst ziemlich detaillirt die Verheerungen in Villach, dann den Dobratscheinsturz und fährt fort: „Derselbe Erdbidem warf dem Grafen von Ortenburg etliche Festen sammt dem Berg darnieder, an etlichen nur das Gemäuer" (bezieht sich noch auf Kärnten); „es warf und zerschmetterte zu Botzen 10 Häuser, und der Thurm in der Wagnergasse zerklob sich an zwei Orten, von oberst herab bis in den Grund eine gute Elle weit von einander, also dass man gar leichtlichen dadurch wäre gegangen. Das sah jedermann sichtiglichen, und nach dem Erdbidem gieng der Thurm wieder zusammen, dass man kaum zween Finger in die Kluft hätte mögen legen; auch der Wenderstein in der Pfarrkirche zerklob obeinander bis an das vierte Gaden, und Herrn Conrads Thurm auf'm Graben zerklobe sich auch an zweien Orten, und geschah, dieweil man Vesper sang, und dieweil es pидmet war es finster bey heiterm Himmel und bey scheinender Sonne. Und was ich von dem Erdbidem geschrieben hab, das ist gründlich wahr." (Abgedruckt als Anmerkung auf S. 132, I. Band der Zeitschrift für Tirol und Vorarlberg, 1825.)

Bezüglich Basels sind Zweifel entstanden, ob nicht etwa in der einstens in der Mauer der St. Jakobskirche zu Villach angebrachten gewesenen Inschrift:

> „Sub M. C. triplo quadraginta octo tibi dico
> Tunc fuit terrae motus conversio Pauli
> Subvertit urbes Basileanum castra Villaci"

das grosse Baseler Erdbeben von 1356 mit dem Villacher von 1348 confundirt wurde. Diese interessante Frage wird auf Basis von Schweizer Quellen entschieden werden müssen; ich bemerke nur, dass Valvasor die Gleichzeitigkeit des Villacher und Baseler Bebens mit den Worten: „intemal solches" (Baseler Beben) „allererst hernach geschehen" (als das Villacher) leugnet; deshalb verlegt er letzteres in das Jahr 1340, und das Baseler auf 1348, ohne jedoch irgendwie historische Beweise bringen zu können.

In Schwaben stürzten die Burgen Falkenstein, Leonberg, Strabried, Cranberg, Holmberg, Wildenstein, Rechbergstein, Gutenberg und noch mehrere andere ein. (Roegner, p. 99, cit. Schnurren.)

Von Baiern liegt die specielle Nachricht vor, dass das Erdbeben über Regensburg hinaus empfunden wurde, und dass um Bamberg sehr viele Gebäude zu Boden fielen. (Pilgram, cit. Ann. Francof.)

Von Nieder-Österreich sagt E. Suess (S. 25 cit. Boeheim, Chron. von Wiener-Neustadt, II, p. 117): „Der Sage nach soll das alte Babenberg'sche Schloss in Neustadt versunken sein; man hat diese Überliefe-

---

[1] Aus Anselm Ebner's Manuscript, das ich nach Schluss dieser Arbeit der besonderen Güte des Herrn Prof. Suess verdanke, entnehme ich, dass diese „Tirolische Chronik" Goswin's Chronik von Marienberg ist; beide Quellen stimmen wortgetreu überein. Siehe Nr. 58 der literarischen Behelfe.

[2] Prof. Chr. J. Brügger erwähnt in seinen „Beiträgen zur Naturchronik der Schweiz, insbesondere der Rhätischen Alpen" (Chur 1876 u. 1877) das Baseler Erdbeben gar nicht; unter 1348 wird nur Deutschland und Italien genannt, unter 1356 gar kein Erdbeben verzeichnet.

rung mit dem Erdbeben von Villach von 1348 oder mit jenem von Basel von 1356 in Verbindung gebracht. (Quellenkritik, 3.)

1349.

„Es cham auch in denselben gepurg (Villacher Alpe) ein merchleich (merklich) erpydem (Erdbeben) darnach in dem ander jar (früher war von 1348 die Rede) an sand stephanstag, als er funden ward"; somit am 3. August a. St. (Incipit liber, p. 38.)

1359 und 1360.

Eine Randglosse zu Ainether's Chronik, von derselben Hand herrührend, welche bei der Schilderung des Bergsturzes die Correctur von 1359 auf 1348 vornahm, bemerkt . . . „1360 . . in diesem Jahr war auch ein gross Erdbid war auch 1359". (Quellenkritik, 4.)

1511.

Am 27. März (a. St.) Abends ward in Klagenfurt und ganz Kärnten ein sehr starkes Erdbeben gefühlt (Khepitz, p. 1); Egkh sagt darüber, dass dieses in „Kärnden vnsawber gearbeitet" hat.

Megiser (p. 1567), welcher dieses Erdbeben irrthümlich i. d. J. 1571 verlegt, gibt als Stosszeit ungefähr 5 Uhr Nachmittags an und erzählt, dass in Klagenfurt die Pfarrkirche einen „grossen schrick" (Sprung) „darvon bekommen".

In Hollenburg und in St. Veit hat es ebenfalls Gebäude beschädigt; auch die Bauernhäuser auf dem Gäw (?) hat es nicht verschont. Um diese Zeit haben die südöstlichen Alpen sehr bedeutende Erderschütterungen erlebt.

Am 26. März, Nachmittag zwischen 3 und 4 Uhr, fielen in Laibach mehrere solid gebaute Häuser, als z. B. das deutsche Haus mit der Kirche, das Vicedomhaus u. a. m. ein; auch die weitere Umgebung wurde erschüttert. (Egkh.)

Von Triest[1] heisst es: „Dieses Erdbeben fand am 26. März 1511 statt und brachte die Mauern, Thüren und Häuser zum Einsturze. Das Meer erreichte eine solche Höhe, dass die Bevölkerung sich auf Anhöhen flüchtete. Auch wurden mehrere Ortschaften durch dasselbe völlig zerstört. In den Jahrbüchern des Laibacher Domcapitels liest man: „Inter secundum et tertiam horam post meridiem adeo vehemens terraemotus invasit, ut terram trementem se solvere indecebat; petrae abscissae sunt ac magna pars parietum murorum turriumque ruinam dederint, insuper moenium encomnia excidere, multaque oppida funditus collapsa corruere." — In Maggia war in Folge des Bebens der Schreck derart, dass keiner der Wachtposten seinen Dienst versah und die Triestiner eine nächtliche Landung von 200 Mann Kriegsvolk ungestört durchführen konnten.

An diesem Tage bebten auch Venedig, Padua, Udine u. s. O. (Bittner.)

Am 27. oder 28. März (a. St.) erfolgte ein zweiter, und zwar, wie es scheint, noch heftigerer Stoss, welcher in Laibach das alte Landhaus, acht Thürme und einen Theil der Stadtmauer niuwarf. Folgende Schlösser in Krain wurden durch dieses Erdbeben entweder gänzlich oder grösstentheils zerstört: In Oberkrain: die Schlösser Oberstein, Stein, Flödnig, Bischoflack (alle vier grösstentheils eingestürzt), die Stadt Laek (Häuser und Thürme gingen zu Grunde), die Schlösser Neumarktl und Gutenberg (bei Radmannsdorf) und Veldes fielen zusammen. In Innerkrain: die Schlösser Adelsberg, Billichgratz und Hasperg wurden zum grossen Theile zerrüttet und verwüstet. Radics verlegt auch den grossen Bergsturz von Idria in die Zeit dieses Bebens. — In Unterkrain ward die Veste Auersperg in Schutt verwandelt.

Ferner werden als erschüttert angegeben: das Triester Gebiet, Maggia, Görz; die starken Stadtmauern gegen Aquileja und den Isonzo in Gradiska wurden zertrümmert; in Tolmein (Küstenland) verfielen zwei Schlösser und die dazu gehörigen Tabors, in Gemona (Venetien) stürzte das Schloss und die Hälfte der Stadt ein.

---

[1] Löwenthal's Geschichte der Stadt Triest, I, S. 80, cit. von Radics; ich selbst habe dieses Werk hier nicht aufgefunden.

Egkh sagt gegen den Schluss seines Briefes: „Item zu Wienn in Sant Stephanthurn etliche Stuck herab gefallen". Nachdem hievon E. Suess in seiner doch so überaus sorgfältig bearbeiteten Erdbebenchronik von Nieder-Österreich von einem im Jahre 1511 stattgehabten Erdbeben keine Mittheilung macht, so scheint es mir noch fraglich ob Egkh nicht etwa irrig berichtet wurde. (Radics und Egkh; ersterer schöpfte vorwiegend aus letzterem.)

Ob alle die genannten Burgen in Krain, Küstenland und Venetien an dem ersten oder zweiten, oder an beiden Stosstagen zertrümmert wurden, geht aus Egkh's Brief nicht klar hervor; es scheint jedoch, dass sich alle oder doch die meisten dieser Zerstörungen auf den zweiten Stosstag beziehen.

Jeitteles (p. 299) gibt für 1511 ein Erdbeben am 26. März an, welches in Böhmen und Mähren sehr stark empfunden worden sei; zu Olmütz stürzten Gebäude ein und der Leitmeritzer und Schlaner Thurm schaukelten sich wie eine Wiege, ohne beschädigt worden zu sein.

1512 (? 1572).

Am 7. December (n. St.) wurde in Klagenfurt und Villach ein starkes Erdbeben gefühlt; in letzterer Stadt drohte der Kirchthurm einzustürzen. (Quellenkritik 5 und 6.)

1571 und 1572.

(Quellenkritik 6.)

1622.

Ainether erwähnt, dass das Kloster Arnoldstein in diesem Jahre durch ein Erdbeben „ziemlich ruinirt" wurde. — Im St. Panler Archiv (sub. III, Fol. 1062) heisst es, dass am 5. Mai, am Feste Christi Himmelfahrt, zwischen 11 und 12 Uhr Mittags fast in ganz Deutschland ein bedeutendes Erdbeben entstand.

Dimitz (III, p. 435) berichtet von diesem Jahre, doch ohne weiterer Zeitangabe, dass in Laibach ein Erdbeben das Kreuz vom Thurme der Jesuitenkirche herab warf, viele Rauchfänge einstürzten und insbesondere das Landhaus litt.

Höchstwahrscheinlich beziehen sich alle diese Nachrichten auf dasselbe Beben, welches somit am 5. Mai stattgefunden hätte.

1681.

Im Diarium des Abtes Albert von St. Paul, welches daselbst verwahrt wird, wird ein Erdbeben erwähnt, welches in der Nacht vom 11. auf den 12. April im Schlosse Unterdrauburg ein Stück Mauer abbrach.

1690.

Am 4. December um ³/₄ Uhr Nachmittags fand in Klagenfurt die erste 1½ Minuten währende Erderschütterung statt, der im Laufe einer Stunde noch 20 meist schwächere folgten; darunter war eine zwischen 4 und 5 Uhr nahezu gleich stark mit dem ersten heftigen Stoss; Abends gegen 8 Uhr erfolgte der dritte starke Stoss; am nächsten Tage, d. i. am 5. December, fühlte man noch einige kürzere und schwächere Erdbewegungen, welche noch durch mehr als zwei Monate, immer schwächer und schwächer werdend, die Gemüther der Menschen beängstigten.

Heftiges Brausen und Rollen in der Luft und in der Erde leitete das Beben ein, welches in ganz Kärnten verspürt wurde. In Klagenfurt hat es nebst vielen Privathäusern die ständische Burg, das Jesuitencollegium, sämmtliche Gotteshäuser, ausgenommen die h. Geistkirche, sehr erheblich beschädigt; jedoch am meisten wurde die Stadtpfarrkirche St. Egyden mit ihren beiden Thürmen zerstört, so dass ihr Einfall stündlich befürchtet wurde; sie musste auch bald darnach abgebrochen werden. Von vielen Häusern wurden die Rauchfänge und viele Dachziegel herabgeworfen, die Thurmglocken schlugen an, versperrte Thüren sprangen auf, Mauerschliessen wurden zerrissen. Viele Menschen, insbesondere die Vornehmeren, verliessen die Stadt und wohnten bis zum Frühjahre in hölzernen Hütten. (Annales collegii Clagenf. S. J., Manuscript in der Klagenfurter Studienbibliothek. — St. Panler Archiv, Tom. XI, Fol. 66—68. — Mahrenberger Chronik durch Hermann, II, p. 230. — Rohrmeister: Chronik des Ursulinenklosters in Klagenfurt durch Car. 1861, p. 196. — Car. 1873, p. 321.

2 *

— Car. 1821, p. 45. — Car. 1855, p. 23.) Die meisten dieser genannten Quellen und Bearbeitungen geben auch Nachrichten über die im Nachfolgenden als erschüttert bezeichneten Orte im Lande.

Das neue Kloster Wernberg (zwischen Klagenfurt und Villach) wurde derart zerstört, dass sich die Geistlichen gezwungen sahen, das alte Kloster zu Dosinch, welches wenig oder gar nicht gelitten zu haben scheint, abermals zu bewohnen. (St. Pauler Archiv, Tom. XI, Fol. 66—68.)

Villach; die meisten Häuser sind eingestürzt oder geborsten, so dass danach die Gässen wegen der vielen Stützen und Schuttmassen kaum wegsam waren; auch der Stadtpfarrthurm, welcher nach dem Beben von 1348 im Jahre 1360 in Quaderbau ausgeführt wurde, warf seine obere Hälfte auf die nachbarlichen Häuser, so dass einige dreissig Menschen erschlagen wurden. (Ainether — Pistl — Vonend, p. 210. — Car. 1860, p. 91—97).

Das Schloss Schnegg bei Treffen (circa eine Meile nördlich von Villach) stürzte ein; die Söhne Seyfried und Franz Freiherr v. Grotter retteten sich in einer Fensternische, wohin sich zuvor ihr Vorstehhund flüchtete; auch die Tochter Sidonie verdankt die Erhaltung ihres Lebens ebenfalls einem glücklichen Zufalle, hingegen wurde ihre Mutter und ihr Kind nebst neun anderen Personen in dem vier Fuss hohen Schutt begraben. Auch 11 Pferde wurden erschlagen. (Quellen siehe unter Klagenfurt. — Das St. Pauler Archiv, Tom. XI, Fol. 68 bewahrt einen diese Katastrophe schildernden Brief von Adam Seyfried Freiherrn v. Grotter an den Prälaten Albert.) — Zu Nöring und Kreuschlach (beide bei Gmünd) fielen die Kirchengewölbe ein. Eine Ecke des alten Schlosses Gmünd stürzte herab; zur Erinnerung an dieses heftige Beben wurde am Marktplatze zu Gmünd eine Gedenksäule errichtet; ferner zieht von hier jedes Jahr am 4. December eine Procession nach Kreuschlach (Kohlmayer).[1] — Völkermarkt und Umgebung wurden ebenfalls stark erschüttert; in der genannten Stadt haben Häuser und Collegialkirche stark gelitten, und der Stadtthurm wurde derart beschädigt, dass er abgetragen werden musste. (Inschrift an der vorderen Chorseite daselbst.) — Das Kloster St. Paul im Lavantthale hat ausser einigen unbedeutenden Rissen in etlichen Mauern und Gewölben keinen Schaden erlitten. (Archiv daselbst, Tom. XI, p. 68.)

Den Verbreitungsbezirk dieses am 4. December 1691 stattgefundenen Bebens gibt das oft citirte St. Pauler Archiv an: Steyer, Krain und z. Thl. auch Tirol.

Weder Mitteis noch Dimitz erwähnen von diesem Jahre eine Erderschütterung in Krain, woraus der Schluss gezogen werden kann, dass es daselbst keinen wesentlichen Schaden anrichtete. Hingegen wurde es in Wien sehr stark verspürt, nebst vielen anderen Gebäuden wurde auch der Stefansthurm sehr stark beschädigt. (Suess, p. 26, cit. Fuhrmann II, p. 1152 und Genssan IV, p. 188.)

Jeitteles (p. 311) erwähnt nach einem Tagebuche aus jener Zeit (Manuscr.), dass in Mährisch-Trübau das Erdbeben am 4. December zwischen 3 und 4 Uhr Nachmittags wahrgenommen wurde und eine Viertelstunde dauerte. Es wurde nicht bloss in Mähren, sondern auch in Polen verspürt.

Volger (I, p. 117) berichtet unter Hinweisung auf viele Quellen über die Erschütterungen am 4. und 5. December; wir geben eine Zusammenstellung mit Hinweglassung der auf Kärnten bezüglichen Details im Nachfolgenden wieder: „Am 4. oder 5. December (24. November a. St.) Erderschütterung auf einem grossen Striche Deutschlands. Sie wird empfunden an einigen Orten der Schweiz, ferner in Villach, Klagenfurt, Wien, Hopfingen, Hohentrühingen, Nördlingen, Strassburg, Heidelberg, Frankfurt, Bayreuth, sogar zu Jena, Altenburg, Dresden und Meissen. Die Stösse erfolgten gegen 3 und 7 Uhr Abends."

„Am 4. December geschah ein Erdbeben in Thüringen und Meissen, welches der Orten ein ungewöhnliches Entsetzen verursachte." Man empfand es in Leipzig sehr deutlich; die Glocken bewegten

---

[1] Nach den Aufzeichnungen im Gmündner Gemeinde-Archive, welche eine Beschädigung des alten Schlosses anerwähnt lassen, hat das Erdbeben in Gmünd am Platze „einen Sprung aufgeworfen, viele Rauchfänge umgefallen, bei den obersten Haus am Plaz ist die ganze Mauer gegen die neugebaute Burk hingefallen, viele Mauern haben Spitzg bekommen, bei die Kirchen in Nöring und Kreuschlach ist das Gewölbe in Nöring ganz, in Kreuschlach theilweiss eingestürzt" (Gemeinderathsprotocoll vom 27. April 1691.)

sich daselbst, jedoch nicht bis zum Anschlagen; die nicht sassen, wurden es gar nicht gewahr. Nach dem ersten Stosse (dessen Zeit nicht angegeben wird) folgte ein zweiter um 4 Uhr (Abends vermuthlich — V.), aber schwächer als der erste. „Zu derselben Zeit und Stunde" ward das Erdbeben gefühlt in Dresden, Liebenthal, Laubau, Wittenberg, Düben, Borna, Pegnu (Kreis Leipzig), Weissenfels, Naumburg, Buttstädt, Jena, Weimar, Bayreuth, Culmbach, Hanau, Nürnberg, Frankfurt, Augsburg, Regensburg, Strassburg, Heidelberg u. s. w., doch an allen diesen Orten ohne Schaden. In Dresden, Wittenberg, Weissenfels, Naumburg, Düben, Augsburg schlugen aber schon die Glocken an. In Wien wird einiger Beschädigungen am Stephansthurme gedacht. „In der Steyer-Mark hingegen wurden ganze Örter dadurch verwüstet, auch blieb in Kärnten fast kein Ort oder Stadt unbeschädiget."

Auch Venedig sammt den umliegenden Landschaften und Inseln wurde so erschüttert, dass in dieser Stadt noch Schornsteine herabfielen.

Am 5. December neuen (24. Nov. alten Styls) Erdbeben in Schwaben. Die von Südwest gen Nordost gerichteten Stösse waren heftig und giugen bis Heidelberg, Strassburg und Frankfurt a. M. Sie fanden statt gegen 3 Uhr Abends. In Schwaben ging diesem Erdbeben ein Sieden und plötzliches Aufwallen in einer öffentlichen Cisterne voraus. Ein anderer Stoss um 7 Uhr war leicht. Der Berg, auf welchem das Schloss Rechberg (unweit Gmünd im Würtembergischen Jaxtkreise, 2040 Fuss ü. d. M. — V.) liegt, wurde sehr stark erschüttert, bekam Öffnungen an mehreren Punkten, und man sah noch nach drei oder vier Jahren grosse Spalten an demselben.

Bezüglich Schwabens und Frankens seien noch die Angaben Walther's (p. 98) eingeschaltet: „Zu Nördlingen in Schwaben zitterte der Thurm, auf welchem der Stadtwächter wohnt, so sehr, dass dieser glaubte, der Thurm werde einstürzen. Die Glocken schlugen an. Auch Wohnhäuser wurden erschüttert. Zu Bopfingen in Schwaben drang ungefähr zwanzig Minuten vor der verspürten Erderschütterung das Wasser aus den beiden Röhren eines Brunnens mit solcher Heftigkeit hervor, dass es beinahe über den Rand des Wasserkastens floss. Bei erfolgter Erschütterung bemerkte man ein Wanken der Häuser. Zu Hohentrüdingen in Franken wurde gleichfalls ein Schwanken der Gebäude bemerkt. Eine Viertelmeile davon wurde ein daselbst befindlicher Berg so erschüttert, dass in ihm Spalten und Klüfte entstanden, und dass auch grosse Klumpen von demselben abfielen. Zu Jena verspürte man das Erdbeben nur in gewissen Gassen der Stadt, unter welchen es seinen Strich nahm, ja in manchem Hause dieser Gassen wurde es nur auf einer Seite empfunden, und auf der anderen Seite bemerkte man nichts davon."

Auch von Köln wird die Erschütterung gemeldet. (Boegner, p. 107.)

Am 25. December in der frühen Morgenstunde wurde Klagenfurt abermals stark erschüttert; dieser Stoss war der stärkste seit dem 4. December, seit welcher Zeit häufig leichtere Erschütterungen gefühlt wurden. Die Angst war grösser als die Wirkung des Bebens; die Leute waren in der Christmette, als das Beben auftrat, Alles drängte zu den Ausgängen, so dass eine Frau erdrückt wurde. (Hermann, II, p. 230.)

Nach Ebner wurden am 22. December in Innsbruck viele Häuser zerstört. (Cit. B. Weber's Land Tirol, I, 230.)

1691.

21. Jänner, Klagenfurt, schwächere Erschütterung.

6. Februar, Klagenfurt, schwächeres Erdbeben.

19. Februar, Klagenfurt, ohne nähere Angabe über die Intensität; dieses Beben wurde in Laibach, (Mitteis, p. 100), — Dimitz, IV, p. 56) stark verspürt. An demselben Tage wurden Karlstadt, Venedig, Basel, Metz, die drei letztgenannten Orte am stärksten, ferner Saarlouis, Mainz, Frankfurt a. M. (daselbst 7 Uhr Morgens), Hanau und die Orte längs des Neckars erschüttert. (Seyfart, p. 74.)

27. Februar. Während von Laibach (Dimitz, IV, p. 55) ein starkes Erdbeben gemeldet wird, scheint Klagenfurt unerschüttert gewesen zu sein.

4. und 28. März. In Klagenfurt schwächere Erderschütterungen.

29. November, Klagenfurt, stärkeres Erdbeben. (Die auf Klagenfurt bezüglichen Angaben aus diesem Jahre sind Hermann, II, p. 231 entnommen; sie stammen grösstentheils aus der Mahrenberger Chronik.) Nach Ebner wurde im December 1691 Mauterndorf im Lungau so stark erschüttert, dass viele Gebäude Sprünge bekamen. (Cit. Zauner's Salzburger Chronik, IX, p. 44.)

1695.

Von dem Erdbeben, welches vom 7. bis 12. Juni Mittel- und Süd-Italien verwüstete, fühlte man in Kärnten nur zwei leichte Bewegungen. (Car. 1821, p. 149.)

1767.

21. November. In ganz Kärnten wurde ein Erdbeben gefühlt.

In Strassburg (Gurkthal) wurde nebst anderen Gebäuden der alte Bischofsitz derart beschädigt, dass der nordöstliche Flügel völlig unbewohnbar ward; auch das Spital erlitt erhebliche Schaden. — Die Kirche zu Liedling wurde durch das Beben derart beschädigt, dass Schliessen eingezogen werden mussten. — Die Schlösser Karlsberg bei St. Veit und Mannsberg bei Pölling, sowie mehrere dem Bisthum Gurk gehörige Gebäude in Klagenfurt litten Schaden. (Car. 1823, p. 11. — Car. 1855, p. 64. — Gütige briefliche Mittheilungen des Herrn Pfarrers Kaiser, welcher sich auf eine von ihm gelesene alte Schrift beruft.)

1785.

31. Jänner. Klagenfurt, leichtes Erdbeben. (Pilgram, p. 295. — Hoff, II, p. 68, cit. Hamb. Corr. Nr. 30.)

1804.

10. Juni. Klagenfurt, drei heftige Erdstösse, und zwar der erste Stoss um $3^h 30^m$ Früh, der zweite um $7^h 5^m$, der dritte und stärkste um $7^h 45^m$ Früh; das Barometer und die Magnetnadel blieben vor, während und nach den Stössen unbeweglich. Es fielen Ziegel und Steine von den Dächern und aus den Wänden, doch bedeutender Schade kam nicht vor. Leute, welche das Dach des Stadtpfarrthurmes anstrichen, erlebten eine Todesangst. (Hermann, III, p. 339. — Car. 1822, p. 132. — v. Jabornegg. — Quellenkritik 7.) — Völkermarkt. Nach einer gütigen Privatmittheilung des Herrn Dr. V. Hussa verspürte man im Sommer d. J. ein Erdbeben; es ist wohl sehr wahrscheinlich, dass damit jenes vom 10. Juni gemeint ist.

1812.

26. (25.?) October. Friesach und Umgebung. Um 8 Uhr Früh erfolgten innerhalb 2 bis 3 Minuten zwei starke Erdstösse. Die Dominikanerkirche wurde dadurch so erschüttert, dass auf das eben beim Gottesdienste in dieser Kirche versammelte Volk sehr viel Sand und Mörtel vom Kirchengewölbe herabfiel; die Mauern krachten, bekamen an mehreren Stellen Risse und man fürchtete schon den Einsturz des Kirchengewölbes. — Auch in Klagenfurt wurde um die nämliche Zeit das Erdbeben verspürt. (Jabornegg.)

Von Morgen des 25. October werden Erschütterungen gemeldet von Baiern, Innsbruck, Rohrsdorf, Trient, Trevino, Pura bei Belluno (Essencinstürze) und Laibach. (Bittner.) Kudira gibt in diesem Jahre weder von Laibach, noch von einem anderen Orte Krains ein Beben an. (Quellenkritik 8.)

1815 (?).

31. März. Umgebung von Friesach. Erdbeben ohne Schaden. (Jabornegg.) (Quellenkritik 9.)

1816.

31. März. In und bei Friesach; erster Stoss $1^h 23^m$ und ein zweiter Stoss $1^h 33^m$ Nachmittags. (Benedict & Hermanitz. — Jabornegg.)

1. April. In und bei Friesach. Erdbeben in drei Stössen; der erste um $1^h 7^m$, der zweite um $3^h 1^m$, der dritte um $3^h 25^m$ Nachmittags. Die Stösse von diesem und dem vorigen Tage sind senkrecht und ziemlich heftig; Fenster und Gläser klirren, die Thüren erzittern. (Benedict & Hermanitz. — Jabornegg.)

9. April. $1^h 30^m$ nach Mitternacht, stärker als die beiden ersteren. (Benedict et Hermanitz.)

Auch im nachbarlichen Judenburg (Steiermark) genau zu denselben Zeiten wurden diese sechs Stösse, doch viel kräftiger, verspürt; die Intensität steigerte sich, so dass das letzte Erdbeben das stärkste war. Das Beben von 1. April wurde auch in Fohnsdorf und Knittelfeld, in Pöls, Murau, auf der Stubalpe und auf den Radstätter Tauern, jenes vom 9. April auch in Murau, Nieder- und Ober-Wölz und in Lambrecht stark verspürt. (Klagenf. Ztg. vom 7. u. 14. April.)

Da die Klagenf. Ztg. in einer Anmerkung nur Friesach und Umgebung erwähnt, so ist es gewiss, dass Klagenfurt nicht erschüttert wurde, und sehr wahrscheinlich, dass dieses Beben in Kärnten keinen wesentlich grösseren Verbreitungsbezirk als den erwähnten hatte. (Quellenkritik 10.)

1825.

21. Februar. St. Veit und Umgebung. Die erste Erschütterung erfolgte um 12ʰ 30ᵐ nach Mitternacht mit dumpfem Getöse und ohne einen erheblichen Schaden anzurichten. Die zweite Erschütterung um 3ʰ 30ᵐ Morgens war stärker und dauerte einige Secunden. Die Thiere wurden schon vor dem Beginne dieser Erscheinung ängstlich und während derselben flatterten die Vögel hastig in ihren Käfigen herum; die Hunde winselten und drängten sich zu den Betten ihrer Herren, die Pferde sprangen auf und stampften im Stalle. Die Schwingungen der Erde waren mit donnerähnlichem Getöse verbunden; die Fenster klirrten und die Glöckchen in den Zimmern und an den Thüren läuteten; einige Oberböden barsten. Der dritte Stoss erfolgte Früh 6ʰ 30ᵐ, war jedoch gelinde und kurz. Das Barometer zeigte gleich nach den Erschütterungen keinen bemerkbaren Unterschied gegenüber dem Vortag, es stand einige Linien über den mittleren Stand. Die Richtung scheint von SW. nach NO. gewesen zu sein.

Das Erdbeben hatte keine bedeutende Ausdehnung erlangt, da dasselbe nur längs des Glanthales bis nach Wieting und Eberstein im Görtschitzthale stärker bemerkt wurde.

24. Februar. St. Veit. Abends 7ʰ und Nachts gegen 11ʰ 30ᵐ zwei schwächere Erschütterungen; keine Änderung am Barometer bemerkbar. (Klagenf. Ztg. Nr. 17.)[1]

1830.

18. Mai. Oberes Lavantthal. Um 6ʰ 15ᵐ Abends zwei kurze verticale Stösse von einer Secunde Dauer wovon der erste Stoss heftiger. Begleitet war die Erschütterung, und mit dieser gleich lang dauernd, von einem Geräusche, ähnlich einem fernen Donner oder dem Sausen eines Sturmes. Die lockere Erde bekam Risse, die Gebäude blieben unbeschädigt. Die Stösse wurden in hölzernen Häusern stärker vernommen, als in gemauerten; ebenso scheinen sie an den Gehängen stärker und früher aufgetreten zu sein, als im Thale. (Klagenf. Ztg. 1830, Nr. 42.) (Quellenkritik 11.)

11. August. Klagenfurt. 1ʰ 20ᵐ Nachmittags ein 3 Secunden währendes Erdbeben; drei Schwingungen von SO. nach NW. fühlbar. Barometer 319.9 Par. Lin., Thermometer 18.5° R. — In Suetschach, Ferlach und Unter-Loibl (Drauthal, südlich von Klagenfurt) wurde dieses Beben viel stärker verspürt; die Häuser in Unter-Loibl bekamen Risse und in den Schluchten des Loibl stürzten grosse Felstrümmer ab. (Klagenf. Ztg. Nr. 65. — Achatzel.)

Gleichzeitig Erdbeben in Krain, und zwar in Laibach (um 1ʰ 26ᵐ Nachmittags) und Neumarktl, hier besonders stark und Mauerrisse bewirkend, verspürt. Richtung an beiden Orten O.—W. (Klagenf. Ztg. Nr. 67, cit. Laibacher Ztg.) (Quellenkritik 13.)

1832.

1. October. Tarvis, 1ʰ nach Mitternacht. Mehrere starke Stösse von über 5 Secunden Dauer, verbunden mit einem lauten unterirdischem Getöse. Richtung W.—O. Die Menschen flohen aus ihren Häusern; das Schulhaus und das Herrschaftshaus bekamen ziemlich grosse Mauerrisse, und bedeutende Mengen Mörtels fielen herab.

---

[1] 1829 fand in der Innerfragant ein bedeutender Bergsturz statt, welcher ein Bauernhaus verschüttete; in demselben Jahre, wahrscheinlich zu gleicher Zeit, sperrte ein anderer sehr bedeutender Bergsturz die Communication zwischen Obervellach und Stall (Hohenauer, S. 134, 135).

Das Quecksilber des Barometers oscillirte stark und stieg nach dem Beben um 3 Linien. Die Luft war schwül und unbewegt. (Klagenf. Ztg. Nr. 81.)

1833.

27. Jänner. St. Veit. Der erste Stoss erfolgte um 1ʰ nach Mitternacht in der Richtung von N. nach S.; er war kurz und schwach. Der zweite stärkere Stoss, ebenso wie der erste, von donnerähnlichem unterirdischen Getöse begleitet, erfolgte Morgens 5ʰ·37¹‚ᵐ in der Richtung NW.—SO., horizontal und wellenförmig; Dauer 2 Secunden, verursachte Klirren der Fenster, Gläser und Klappern der Thüren, aufgehängte Gegenstände schwangen; kein Wind. Temperatur —5° R. Barometer auf beständig schön. Dieser Stoss, welcher in einem Umkreise von circa 2 Meilen gefühlt wurde, wurde auch im Schlosse Hungerbrunn ob St. Veit, stark bemerkt; das Rohrbrunnenwasser trübte sich derart, dass es durch mehrere Stunden ungeniessbar war. (Klagenf. Ztg. Nr. 9 und 10.)

20. November. Klagenfurt und Umgebung. Nachts um 1ʰ und einige Minuten zwei Erdstösse schnell nach einander; die Bewegung schwingend, von SO. nach NW., mit vorausgegangenem donnerähnlichen Getöse. Die Gläser klirrten in den Schränken, die Vögel flatterten unruhig in ihren Käfigen. Gebäude, näher dem Wörther-See, Flussläufen und Canälen gelegen, verspürten das Beben stärker. Nach Achatzel war der Barometerstand am Vorabende (6ʰ) 322·0 Par. Lin., Früh (8ʰ) 322·0 Par. Lin.; Temp. +3·5, resp. +3·0° R.

Ferlach. Um 1ʰ 55ᵐ nach Mitternacht zwei Erdstösse, denen ein, einem starken Windstosse ähnliches Getöse voranging. Die Richtung von SSO. nach NW. Fenster und Gläser klirrten, die Betten schwankten, Hunde bellten, der Nachtwächter konnte sich kaum auf den Beinen erhalten. — In Weidisch und Zell war der Erdstoss so stark, dass die Dächer dergestalt geschüttelt wurden, als ob sie einstürzen wollten. (Klagenf. Ztg. Nr. 94.) — Görtschach bei Ferlach, nach Mitternacht 1ʰ 20ᵐ Bewegung, zitternd mit Gerassel, von ONO. nach WSW. Dauer bei 6 Secunden, Bar. Abends zuvor 2 Par. Lin., Früh 1·5 Par. Lin. über die Marke „veränderlich", Therm. +1·5, resp. +2° R. (Görtschacher meteorol. Journ.) — In Vellach Stoss um 1ʰ 55ᵐ Früh. (Mitteis cit. Laibacher Ztg.) — Es unterliegt wohl keinem Zweifel, dass sich alle diese Angaben, trotz der Uhrendifferenzen, auf dasselbe Erdbeben beziehen.

Auch in Neumarktl (Krain) wurde Früh 1ʰ 25ᵐ eine ziemlich starke Erderschütterung gespürt; Dauer ungefähr 2—3 Secunden, wellenförmig von O. nach W. fortschreitende Bewegung. (Klagenf. Ztg. Nr. 96, cit. Laibacher Ztg.)

1835.

19. Juni. Görtschach. Morgens 7ʰ 10ᵐ Erdbeben. Bar. 0·25 Par. Lin. über der Marke „veränderlich", Temp. +10° R. (Görtschacher meteorol. Journ.)

31. October. Gegend von Spital und Gmünd. Vormittags um 1‚₂ᵈ¹⁰ drei schnell aufeinanderfolgende heftige Erdstösse mit starkem rollenden Getöse. In Spital sah man an einer starken Mauer leichte Risse; sonst kein Schade. (Klagenf. Ztg. Nr. 90.)

An demselben Tage nach 1‚₄ʰ Früh wurde in der Schweiz ein Erdbeben verspürt, und zwar in St. Gallen, Winterthur, Zurzach, Aarau, Zürich. Erster Stoss 1‚₄ʰ Früh, gleich darnach der zweite und ein dritter schwacher bald nachher. In Glarus kleine Gebäudebeschädigungen. In Basel kaum fühlbar. (Volger, I., p. 297.)

1837.

21. Juni. Einige Minuten vor 11ʰ Mittags ein nicht unbedeutendes Erdbeben zu Bleiburg, Schwarzenbach, Prevali, Guttenstein bis Schönstein in Untersteiermark. Dauer einige Secunden, von einem rasselnden Getöse angekündigt. Ohne Schaden. (Klagenf. Ztg. Nr. 52.)

1840.

27. August. Ein über Steiermark, Krain, Triest, Croatien, Venetien und z. Th. Lombardei verbreitetes Erdbeben erschütterte auch entweder ganz Kärnten oder wenigstens den grössten Theil desselben.

Klagenfurt, 1ʰ 5ᵐ Mittags, Dauer mehrere Secunden, Richtung NW.—SO., von einem dumpfen Rollen begleitet. Der Himmel war umwölkt, die Luft schwül, Bar. 324·7 Par. Lin., Temp. 19·5° R. Nach 10 Minuten wiederholte sich der Erdstoss, doch in einem geringeren Grade. — Mit gleicher Heftigkeit wie in Klagenfurt wurde diese Erschütterung gefühlt in Ebenthal, Hollenburg und Völkermarkt. (Klagenf. Ztg. Nr. 70.) — Görtschach. Um ³⁄₄1ʰ Erdbeben. Bar. 1³⁄₄, Par. Lin. über der Marke „veränderlich“, Temperatur + 19° R. (Görtschacher Journ.) — Arriach, 1ʰ 8ᵐ Mittags heftige Erderschütterung. In ungefähr einer Minute vier starke wellenförmige Stösse von NW.—SO. Dieher dröhnten, Fenster klirrten, eine Thurmglocke schlug an. Die Menschen hier und in der Umgebung eilten aus den Häusern, Arbeiter auf dem Felde warfen sich auf den Boden. Temp. 20° R., Luft schwül, Himmel leicht bewölkt. — Ähnliche Berichte kamen aus Gork, Strassburg, Zwischenwässern und Althofen. (Klagenf. Ztg. Nr. 71.) — Um 1ʰ Mittags fielen auf den Felbertauern (Tirol Salzburg) in einer Höhe von circa 8500' Gesteinstrümmer von den Felsen und die Compassnadel zitterte. Wolfsberg. Starkes Schaukeln verspürt. (F. v. Rosthorn im Neuen Jahrb. f. Min., Geol. und Pal. 1841, p. 185.) — Eisenkappel, 12ʰ 50ᵐ Mittags gewaltiger Erdstoss, Dauer mindestens 5—6 Secunden, Richtung NW.—SO. Mit donnerähnlichem Getöse rüttelte er die Gebäude, insbesondere deren obere Stockwerke, viele Mauern bekamen Risse, mehrere Wände wurden baufällig und mussten darnach gestützt werden, Mörtel und Steine, insbesondere von Rauchfängen, fielen herab, ungeheuere Steinblöcke lösten sich von den Felswänden. Um 1ʰ 5ᵐ Mittags ein sanfterer Stoss in gleicher Richtung NW.—SO. Bar. stand auf „schönes Wetter“, Temp. 14·5° R. (Klagenf. Ztg. Nr. 72.)

In Steiermark: Windischgratz, 1ʰ 5ᵐ Mittags heftige, wellenförmige Erschütterung, Richtung NO.—SW., Dauer 3½, Secunden. Möbel wurden verrückt, einige umgestürzt, schwache Mauern bekamen Sprünge, die Menschen verliessen entsetzt die Häuser. In der Kirche St. Ulrich ausser Windischgratz wurden die Gewölbe stark beschädigt, an der Hauptpfarre St. Martin ertönten heftig die Glocken. — St. Lorenzen in der Wüste (Marburger Kreis), 1ʰ Mittags heftiges Erdbeben, Dauer circa 10 Secunden, Richtung N.—S., donnerartiges Getöse begleitend. Die Fenster klirrten, Möbel schwankten, an Gebäuden keine Beschädigung. — Graz nach 1ʰ Mittags sehr schwaches Beben, nur von einigen Personen beobachtet. — Franz, nach 1ʰ Mittags die Kirche und andere Gebäude, insbesondere das grosse von der Kirche östlich gelegene Haus bedeutend beschädigt; von hier gegen Nord nahm das Beben an Intensität ab, so dass in Windisch-Feistritz sehr wenig von der Erschütterung gespürt wurde. (Klagenf. Ztg. Nr. 72, cit. Grazer Ztg.)

Krain: St. Oswald, 1ʰ 10ᵐ Mittags. Ein dumpfes Getöse schritt in nordsüdlicher Richtung vorwärts; diesem folgte auf dem Fusse in derselben Richtung das Erdbeben; die Gebäude wankten, erhielten mehrere Sprünge. Allgemeine Panik. (Klagenf. Ztg. Nr. 72, cit. Grazer Ztg.) — Stein; die Kirchenmauer wurde etwas beschädigt. — Laibach, 1ʰ 5ᵐ Mittags hörte man ein Rauschen, ähnlich einem Sturme, unmittelbar darauf horizontale Erdstösse oder Schwankungen von 3 Secunden Dauer. Einige Gebäude erhielten bedeutende Risse, einige Schornsteine stürzten ein, an vielen Häusern löste sich der Mörtel ab; Thurm- und Hausglocken schlugen an, stabile Gegenstände fielen von ihren Gestellen. Während des Bebens fiel eine schwefelgelbe Materie in Tropfen herab, die getrocknet zerreibbar war. Richtung S.—N., Bar. 27·9 ‴, Temp. 21° R., zahlreiche Haufenwolken. — Um dieselbe Zeit wurde mit mehr oder weniger Heftigkeit die Erschütterung verspürt in Krainburg, Vodice (nordwestlich von Adelsberg), Reifniz, Jantschberg, St. Martin bei Littai. — Watseh, Dauer 8 Secunden, Richtung der Schwingungen von O. nach W., Mörtel und Dachziegel fielen in Menge herab, Gebäude erhielten Risse. (Klagenf. Ztg. Nr. 71, 72 und 73, cit. Laibacher Ztg. und Adler.)

Croatien: Agram, 12ʰ 56ᵐ Mittags heftiger Erdstoss. Heiterer Himmel, drückende Schwüle, Temp. 20° R., Bar. 28″ 5″ 6‴. — Gleichzeitige Erschütterung in Pankowecz, Petrina, Glina, Topusko. — Karlstadt, 1ʰ 7ᵐ Mittags ziemlich starker Erdstoss, so dass Bilder, Spiegel etc. merklich hin und her bewegt wurden, was jedoch nur 3 Secunden lange dauerte. (Klagenf. Ztg. Nr. 74, cit. Agramer Ztg.)

Triest, 1ʰ Mittags drei leichte Erdstösse von mehreren Secunden Dauer und S.—N.-Richtung. Kein Schade. (Klagenf. Ztg. Nr. 72, cit. Osservatore Triestino.) Dieses Beben wurde auch in einigen Theilen der Lombardei und in Venetien verspürt; in Venedig 0ʰ 52ᵐ ein sehr starker Stoss von S. nach N. (Bittner.)

18   *H. Hoefer.*

30. August. Eisenkappel, 5ʰ 5ʰᵐ Morgens schwächeres Beben, Dauer nicht viel über eine Secunde. (Klagenf. Ztg. Nr. 72.) — In Stein (Krain), 6ʰ Morgens starkes Erdbeben, die Leute drängen aus der kurz zuvor beschädigten Kirche. (Laibacher Ztg.)

2. September. Zur Ergänzung mögen hier noch einige auf Krain bezügliche Nachbeben erwähnt sein. — Jauntschberg, 3ʰ 20ᵐ wellenartiges Beben mit zwei Schwingungen, Richtung O.—W., vorhergehend dumpfes Getöse. · Laibach um 11³/₄ʰ leichter Erdstoss. (Klagenf. Ztg. Nr. 73, cit. Laibacher Ztg.)

24. September. Klagenfurt, einige Minuten vor ¹/₄11ʰ Nachts ein Erdstoss, Dauer beiläufig 1 Secunde. Fenster klirrten, Thüren und Möbel rüttelten. An Intensität bedeutend geringer als das Beben am 27. August. Himmel schwer bedeckt. (Klagenf. Ztg. Nr. 79.) — Görtschach, 9¹/₄ʰ Abends, Bar. ¹/₄ Par. Lin. über der Marke „veränderlich", Temp. +13° R. (Görtsch. meteor. Journ.)

In Krain: Laibach. Schlag 10ʰ Abends. Ein von der Ferne mit ausserordentlicher Geschwindigkeit sich nähernder, an der Erdoberfläche fortrollender Donner, welcher mit dem Tönen einer angeschlagenen grossen Trommel verglichen werden kann; nach ¹/₂ bis 1 Secunde erfolgte eine heftige schaukelnde Bewegung des gedielten Bodens im ersten Stockwerke, Richtung S.—N.; das Knarren der Thüren und Rasseln der Fenster dauerte 3 Secunden. Glas- und Porzellaingeschirr klirrte sehr vernehmlich in den Schränken. Bar. 27″6″, Temp. +14° R. (Klagenf. Ztg. Nr. 79, cit. Laibacher Ztg.)

25. September. Klagenfurt, 6ʰ Abends, nach mehrfachen Aussagen eine leichte Erderschütterung gefühlt. (Klagenf. Ztg. Nr. 79.)

25. December. Klagenfurt, 6ʰ 37ᵐ Abends, Dauer 2—3 Secunden, Richtung der Schwingung SW.—NO., damit ein Getöse, gleich einem rollenden Wagen, verbunden. Bar. 28″ 4·2″ Par., Temp. —12·5° R. Luft ziemlich rein. — Gleichzeitige Erschütterung in Ferlach (Klagenf. Ztg. Nr. 104.); in Görtschach, 6¹/₂ʰ Abends, Bar. 8³/₄ Par. Lin. über der Marke „veränderlich", Temp. —16° R. (Görtsch. Journ.)

<h3>1841.</h3>

15. September. Görtschach, starkes Erdbeben Früh 3ʰ; Früh zeigte das Bar. 2 Par. Lin. über der Marke „veränderlich". Temp. +7° R. (Görtsch. meteor. Journ.)

<h3>1844.</h3>

5. Jänner. Bleiberg, 11ʰ 45ᵐ Nachts, über Tags ein Püllerschuss ähnlicher Knall. In der Grube 100 Meter unter der Thalsohle berstete ein Pfeiler, so dass das Gezähe hievon 15 Fuss weggeschleudert wurde, ebenso Gesteinsstücke im Gewichte von 10 bis 100 Kilogramm. Arbeiter, welche 600 Meter östlich arbeiteten, dachten, ihre bei diesem Pfeiler beschäftigten Kameraden hätten die Bohrlöcher weggeschossen. Es wurde weder früher, noch darnach ein Sausen oder Rollen gehört. (Klagenf. Ztg. Nr. 4.) Jedenfalls liegt hier ein Pfeilerbruch in der Grube vor, der durchaus nicht von einem Erdbeben bedingt worden sein muss, im Gegentheile jener eine Oberflächenerschütterung veranlasste.

26. Jänner. Gmünd. Einige wollen in der Nacht ein leichtes Erdbeben gefühlt haben. (Klagenf. Ztg. 1844, Nr. 13.)

4. Februar. Gmünd, ¹/₂8ʰ Morgens, Dauer 4 Secunden. Es begann mit zwei schnell aufeinander folgenden Stössen, die mit einem Getöse verbunden waren, als wenn eine schwere Last abgeworfen worden wäre, und dann in eine wellenförmige Bewegung von S.—N. endeten. Auf den Bergeshöhen der Umgebung wurde das Beben noch stärker gefühlt. (Klagenf. Ztg. Nr. 13.)

5. Februar. Kremsbrücke bei Gmünd, 5ʰ Morgens leichte Erderschütterung. (Klagenf. Ztg. Nr. 13.)

9. Februar. Guttenstein, 2ʰ Früh und dann 4¹/₂ʰ einige Erdstösse im ganzen Guttensteiner Thale, von rollendem Geräusche begleitet. Die letzteren dauerten gegen 4 Secunden und brachten die Fenster in oberen Stockwerken zum Erzittern. Der Himmel trüb, Luft mild. Wurde in gleicher Stärke auch von den höchsten Bewohnern auf dem Nordgehänge des Ursulaberges gefühlt. (Klagenf. Ztg. Nr. 13.)

24. – 25. Juni. Kreng, 12ʰ Nachts rüttelndes Erdbeben, begann mit einem schwachen, dem Donner ähnlichen Rollen, das immer stärker wurde und worauf ein starker Erdstoss erfolgte, so dass die Fenster klirrten und die Menschen aus dem Schlafe erwachten. Diesem Stosse folgte wieder ein gleiches Rollen wie vordem, das immer schwächer wurde. Dauer der Erschütterung mehrere Secunden, Richtung N. – S. Luft ruhig, Himmel dünn bewölkt, Temp. + 14° R., Bar. 26″ 9½‴ W.M., fiel bis Mittag um 1‴. (Klagenf. Ztg. Nr. 52.)

25. Juni. Nieder-Österreich: Heftiger Sturm und Hagelwetter zu Ludweis und Drösiedl, zugleich ein Erdbeben. Im Schlosse zu Drösiedl stürzten die zur Hälfte gemauerten Nebenern ein und eine Hauptmauer des Schlosses wurde zersprengt. (Suess.)

1845.

21. December. Klagenfurt und Umgebung, 9ʰ 40ᵐ Abends dumpfes Rollen, darnach Wanken von Möbeln, Klirren der Fenster und Vibriren der Pendel. Dauer 1·5 Secunden, Richtung NW. – SO. Bar. sehr tief. Auch mehrere Stunden um Klagenfurt herum gefühlt. (Klagenf. Ztg. Nr. 102.)

Krain: Laibach, 9ʰ 40ᵐ Abends sehr heftig gefühlt. Richtung SW. – NO., donnerähnliches Getöse. Mauern bebten durch mehrere Secunden auf und nieder, Geschirre in geräuschvoller Bewegung. Die Einwohner flohen in das Freie. Mehr als 50 Schornsteine sind eingestürzt, nicht unbedeutende Mauerrisse entstanden, Auswurf fiel von den Wänden und schwere Möbel wurden mehrere Zoll weit von ihren Plätzen gerückt. Bar. 27″ 3‴ (nicht reducirt). Um 2ʰ nach Mitternacht ein schwächerer Stoss. — Möttling (Unterkrain) 10ʰ Abends. Zuerst ein Brausen gehört, dem sofort der Stoss folgte, Fussböden knarrten heftig, Fensterscheiben und Gläser klirrten sehr vernehmlich. Richtung O. – W. — Saplana (bei Oberlaibach), nach 9½ʰ Abends, Erdbeben sehr stark, der erste Stoss von SO. – NW. dauerte 5 bis 6 Secunden, Bar. während des Hebens 27″ 2‴, den Nachmittag zuvor 27″ 5‴; der Boden schien darnach in beständiger Bewegung zu sein. Nach einer Viertelstunde ein schwächerer Stoss, worauf die Erde bis 2ʰ nach Mitternacht (22. December) oscillirte, wo der letzte ziemlich starke Stoss verspürt wurde. (Mitteis.)

Steiermark: Cilli, 9ʰ30ᵐ Abends unterirdisches Getöse begleitet das 3 Secunden währende Erdbeben. — Römerbad, 9ʰ 40ᵐ Abends. In der Warmquelle plötzliche, bedeutende Gasentwicklung, so dass das Wasser silbergrau gefärbt erschien; gleichzeitig trat die Erderschütterung ein. Dann alle drei Quellen, welche das Bassin füllen, ruhig und schienen durch einige Secunden wie versiegt; die westlichste und mächtigste zeigte durch Gasblasen ihr Wiederkommen an, die anderen folgten schnell. Im Glase erschien das Wasser wieder krystallklar und zeigte wie früher 30° R. (Mitteis.)

Triest, 9ʰ 40ᵐ Abends, ziemlich starkes, wellenförmiges Beben von 3 Secunden Dauer, Richtung S. – N. Bar. während des Tages 27″ 6·47 Par. Lin., Temp. +7·2° R. (Mitteis.)

Venedig. (Bittner.) Am gleichen Tage ein Erdbeben in den Abruzzen, speciell in Chiete.

22. December. Abgesehen von dem bereits früher gemeldeten Stoss in Laibach um 2ʰ nach Mitternacht und jener langandauernden Erzitterungen in Saplana (Krain), fühlte man in letzterem Orte noch Stösse, und zwar um 7½ʰ und 10¾ʰ Vormittags und um 4¾ʰ und 7ʰ Nachmittags. Durch die Erschütterungen während dieser beiden Tage bekam in Saplana der massiv gebaute Pfarrhof an seiner SO.-Front mehrere Risse, eine Mittelmauer löste sich von der Hauptmauer los. Die Kirchenwölbung erhielt durch die Mitte einen grossen Riss. (Mitteis.)

1846.

8. December. Klagenfurt und Umgebung, gegen 2ʰ Morgens ein leichtes Erdbeben, nachdem sich den Abend zuvor zwischen 8ʰ und 9ʰ ein heftiges Gewitter mit Schneegestöber entlud. (Klagenf. Ztg. Nr. 99.) (Quellenkritik 14.)

1847.

27. April. Klagenfurt, wenige Minuten vor ¾·1ʰ nach Mitternacht ein Erdbeben, welches von einem donnerähnlichen Rollen begleitet war. Gläser und Thürklinken klirrten. (Klagenf. Ztg. Nr. 35.) (Quellenkritik 15.)

2*

In St. Martin am Ponfeld scheint dieses Erdbeben ebenfalls und stark gefühlt worden zu sein, da ein daselbst aufbewahrtes Promemoria (ddo. 26. Mai 1847) wegen der Nothwendigkeit der Thurmreparatur von einem vor kurzer Zeit stattgehabten bedeutenden Erdbeben spricht. (Gütige Mittheilung des hochw. fürstb. Ordinariats.)

1850.

9. Juli. Klagenfurt, schwaches Erdbeben. (Jabornegg und Meteor. Monatsb.)

10. Juli. Himmelberg (bei Feldkirchen), 3½ⁿ Morgens wellenförmiges Beben in der Richtung N.—S.; Pendeluhren blieben stehen, Vögel flatterten in den Käfigen. — Es wurde auch in Klagenfurt und in Paternion verspürt. (Jabornegg.) — In Klagenfurt 3¾ₕ Nachm.(?), wellenförmig, Richtung N.—S. (Boné.)

Krain: Radmannsdorf und Veldes, 3ʰ 30ᵐ Morgens, Dauer 10 Secunden, von Getöse begleitet, erschütterte Gebäude; Fenster, Gläser klirrten. Bar. 27″ 2‴ W. M., Temp. +12° R. (Mitteis.)

Triest, Görz, Udine, um 3ʰ 19ᵐ eine sehr starke Erschütterung; in Görz fühlte man an demselben Tage noch zwei leichte Stösse. (Bittner.)

1851.

1. November. Maltein, gegen 3ʰ Nachm.; scheint ganz local gewesen zu sein; gleichzeitig ein Wolkenbruch. (Zeitsch. d. österr. Ges. f. Meteor. II, 215.)[1]

1853.

26. September. Saifnitz, Erdbeben. (Klima Kärntens.)

1855.

18. Jänner. Tröppelach, Erdbeben. (Klima Kärntens.)

26. Jänner. Villach, dumpfes Rollen, darnach um 1ʰ Mitternacht wellenförmige Erschütterung von W. nach O. Gläserklirren etc., sitzende Vögel fielen herab, der Thürmer bemerkte, dass die Bilder an den Wänden gerückt wurden; Bar. fiel um 3 Linien. Um ⅔ 6ʰ und nach 6ʰ Morgens wurden abermals Stösse gefühlt. — In Rosegg wurden die Stösse gleichzeitig mit Villach bemerkt. — In Feld wurde ein Erdbeben um 1ʰ Nachts und ein schwächeres um 5¾ₕ Morgens verspürt. — In der Umgebung von Treffen wurde gar keine Erschütterung bemerkt. (Amtl. Bericht des k. k. Bezirksamtes in Villach an die hohe k. k. Landesregierung, Z. 1363 und 2035.)[2] — Im Bereiche des Bezirksamtes Paternion trat es in den Gemeinden rechts von der Drau auf und wurde an der linken Seite nur in der Gemeinde Mitterberg bemerkt.

Bleiberg, 5ʰ 55ᵐ Morgens (genaue nach dem Meridian bestimmte Zeit), heftiger Stoss mit einer 3 Secunden währenden Oscillation von NW.—SO., wodurch Gebäude mit einem donnerähnlichen Knall erschüttert wurden. Um 6ʰ 25ᵐ Morgens (genaue Zeit) ein weniger intensiver Stoss von mindestens 5 Secunden Dauer; die Bewegung war in drei Abtheilungen unterbrochen, war noch schaukelnder als die frühere, das unterirdische Getöse geringer; mehr von W. nach O., die Bewegung von Mölein, Gläsern u. dgl. war heftiger als beim ersten Stoss, Beschädigungen von Gebäuden kamen nicht vor. Bar. 27″₄ Wiener Zoll, Abends zuvor fiel das Barometer plötzlich von 28″ 3‴ auf 27³₄‴, Temp. —3° R. Der Stoss um 1ʰ Nachts wurde hier nicht gefühlt. — In dem nachbarlichen tiefer gelegenen Kreuth war die Erscheinung wie in Bleiberg; die zweite Erschütterung war viel heftiger als die erste, ihre Richtung nahezu W. - O. Das Beben wurde in den Gruben dieses Bergbaudistrictes Bleiberg-Kreuth nicht wahrgenommen. (Bericht des Cur. Güttl an das k. k. Bezirksamt Villach, ddo. 2. Februar 1855.) — Hermagor, erster Stoss gleich nach Mitternacht zweifelhaft; zwischen 5ʰ und 6ʰ Morgens zwei nicht

---

[1] 5. November. St. Peter (Katschberg) bedeutende Erdabrutschung. (Prettner's Manuscripte.)

[2] Bei sämmtlichen angegebenen amtlichen Berichten ist die angegebene Zahl die der k. k. Landesregierung, und zwar das Erdbebenjahr, falls nicht die beigegebene Jahreszahl etwas anderes angibt; die meisten dieser Berichte wurden auch in der Klagenfurter Zeitung veröffentlicht.

unbedeutende Stösse mit nachfolgender zitternder Bewegung; der Glaskasten bewegte sich, als wollte er zusammenstürzen, Fensterscheiben klirrten, das Bett krachte, es schien sich das ganze Zimmer zu bewegen. — In Weissbriach um 2ʰ nach Mitternacht und gegen Morgen Stösse. (Prettner's Manuscr.) Gegen 2ʰ nach Mitternacht Getöse, vor 6ʰ Morgens Bewegung des Bettes, Vögel fallen von ihren Sitzen; dasselbe wiederholt sich eine halbe Stunde später; gleichzeitig rumort es in dem zugefrorenen Weissensee, als wenn ein schwerer Wagen in Sturmeseile darüber führt. (Kohlmayer.) — St. Stephan im Gailthale, negativer Bericht. (Brief Levitschnigg's ddo. 6. Februar 1855.)

Arnoldstein, 6ʰ 1ᵐ Morgens erster Stoss, Richtung SO.—NW., Dauer circa 3 Secunden, Gläser klirrten in den Kästen, Bilder wurden gerückt, besonders in dem höher gelegenen Schloss. Um 6¼ʰ Morgens folgte ein zweiter und gleich darauf ein dritter und zwar heftigster Stoss; bei vollständiger Windstille wurde ein heftiges, sturmähnliches Brausen gehört. — Tarvis, ein schwacher Erdstoss gegen 3ʰ Früh von Einigen gefühlt, wenige Minuten vor 6ʰ ein zweiter von 3 Secunden Dauer, und um 6¼ʰ Morgens ein dritter von 5 Secunden Dauer mit wellenförmiger Bewegung von W. nach O.; der letzte war der stärkste, so dass Häuser erzitterten, Fenster klirrten und leichte Möbel umfielen; Pferde rissen sich von der Leine, das Bar. stand beim zweiten Stosse 26″ 5‴ W. M. und fiel bis zum dritten auf 26″ 1‴, Temp. —5° R. — In Saifnitz war der erste Stoss um 6ʰ, Dauer 2—3 Secunden, Richtung S.—N., Vögel fielen von den Sprossen, der zweite Stoss wurde um 6ʰ 30ᵐ Früh verspürt, 4 Secunden Dauer, von einem donnerähnlichen Getöse begleitet, Richtung gegen O. (Klagenf. Ztg. 86, für Saifnitz-Ferénik.)

Krain: Zu Weissenfels und Ratschach wie in Tarvis. (Klagenf. Ztg. S. 86.)

27. Jänner. Bleiberg-Kreuth, 2¹⁄₄ʰ (genaue Zeit) nach Mitternacht, dem zweiten Stosse am Vortage ähnlich, doch beiläufig um die Hälfte weniger intensiv. — Heiligen Geist auf der Villacher Alpe um 2ʰ und 6ʰ Morgens Erdbeben wahrgenommen. (Amtlicher Bericht, Nr. 2035.) Arriach, 2ʰ 25ᵐ Morgens ein Stoss, so dass die Fenster an der Nordseite der Wohnung des evang. Pfarrers in schrillem Tone klangen, doch Gegenstände im Zimmer bewegten sich nicht. Dauer des Stosses höchstens 2 Secunden. Richtung NNW.—SSO. Luft ziemlich rein, Sterne sichtbar. Der zweite Stoss um 6ʰ Morgens wurde hier nicht, wohl jedoch im nachbarlichen St. Ruprecht, und zwar stärker als jener nach 2ʰ wahrgenommen. (Bericht des evang. Pfarrers Herrn Dr. Czerwenka an das k. k. Bezirksamt ddo. 2. Februar 1855.) — Tarvis, in der Nacht wurden einige Erdstösse verspürt, die jedoch viel geringer wie jene am Vortage waren. (Klagenf. Ztg. S. 86.)

Weder am 26. noch am 27. Jänner erhielten Gebäude Risse oder irgend einen erheblichen Schaden.

Nieder-Österreich: 1. Februar, dann Mai und August eine Reihe schwächerer Stösse zu Josephsthal bei Litschau, welche in einem Umkreise von etwa 2—3 Stunden bemerkbar waren. (Suess.)

18. März fast ganz Kärnten erschüttert. —

Klagenfurt zwischen 7 und 8 Uhr Morgens ziemlich heftige Erschütterung. — Ferlach, 7¼ʰ Morgens, Dauer 4—6 Secunden, Stösse mehr vertical als schwingend, dumpfes Rollen. — Rosegg, einige Minuten vor ¹⁄₄ 8ʰ Morgens eine sehr heftige Erschütterung, Dauer circa 4 Secunden, Richtung NO.—SW., Thüren öffneten sich, Gläser und ähnliche Gerätschaften fielen um, Mauerverkleidungen brachen herab; die Wirkung war stärker als am 26. Jänner d. J., Windstille, Temp. —2° R. Wurde in der ganzen Umgebung wahrgenommen. Einige wollen schon um 7ʰ Früh ein schwaches Beben gefühlt haben. (Amtl. Bericht Nr. 4201 und 4518.) — Villach, 7ʰ 12ᵐ Morgens heftiges stossweises Erdbeben, von einigen (9—10) Secunden Dauer. Richtung fraglich. Die Erschütterung und das dieselbe begleitende Getöse ähnlich dem, wenn ein sehr schwer beladener Wagen durch die Vorlaube eines schwachen Gebäudes führt oder wenn ein Sturmwind letzteres umbraust und niederzuwerfen droht; Klirren der Gläser, Herausschnellen der Flüssigkeiten aus angefüllten Gläsern, Verrücken der Bilder, Herabfallen des lockeren Verputzes und dergleichen waren allgemein. Bar. unverändert, Temp. —2°. Heiterer Himmel. Stärker wie das Beben vom 26. Jänner d. J. Einige wollen schon um 2ʰ und 3ʰ Nachts schwache Erderschütterungen verspürt haben. — In Müllnern und St. Martin nächst Villach heftiger als daselbst, in St. Martin besonders stark, es entstanden Risse in soliden Mauern. (Amtl. Ber. Z. 4202 und Klagenf. Ztg. Nr. 64, 1855.) — Bleiberg, besonders heftiges Beben 6¼ʰ Morgens, Dauer 3 Minuten (?),

Richtung O.—W.; ein gut gebautes Haus erhielt einen Sprung. — St. Peter a. d. Perau (bei Vollach) negativer Bericht. (Amtl. Ber. Nr. 4673 und Klagenf. Ztg. S. 263.) — Arnoldstein, 7ʰ Morgens, starkes wellenförmiges Erdbeben, Richtung WNW.—OSO. (Amtl. Ber. Nr. 4611.) — Saifnitz, im meteor. Journal kein Beben vorgemerkt. (Ferčnik.) — Weissbriach (Prettner's Manuscripte und Klima Kärntens.) — Greifenburg, 6¹⁄₂ʰ Früh, dumpfes Getöse vorausgehend, dem rasch eine schwingende Bewegung von mehreren Secunden Dauer folgte. (Klagenf. Ztg. S. 263.) — Obervellach, 2ʰ nach Mitternacht, schwingende Bewegung von Möbeln; 7ʰ 20ᵐ Morgens schwingendes Beben, Richtung NO.—SW., Dauer 5 Secunden, Bar. zeigte schönes Wetter, Temp. —3° R., Luft ruhig, Höhenrauch. (Klagenf. Ztg. Nr. 64.) — Spittal. (Amtl. Ber. Z. 4202.) — Lieseregg, einige Minuten nach 7ʰ immer stärker werdendes donnerähnliches Dröhnen, Dauer reich 4 Secunden, Pfarrhof schien zu wanken. — Lieserhofen, dass an der Wand hängende Geschirre klirrte. — Seeboden, schwächer wie in Lieseregg verspürt. (Klagenf. Ztg. S. 263.) — Von Gmünd liegen leider keine positiven Nachrichten vor, doch scheint dasselbe das Beben stark empfunden zu haben, da der vorstehende Bericht sagt: „Die Hauptbewegung scheint dem Lieserfluss entlang von N.—S. stattgefunden zu haben.“ — Paternion, einige Minuten nach 7ʰ sehr heftige Erschütterung, von donnerähnlichem Getöse begleitet. Möbel schankelten, Fenster klirrten und Uhren schlugen an, Bar. schönes Wetter, Temp. +8° R., Windstille, leicht bewölkt. (Amtl. Ber. Nr. 4612.) — Innere und Äussere Teichen; nach einem unterirdischen, gehenähnlichen Getöse folgte das heftige Erdbeben; Möbel bewegten sich, der Boden schwankte, und es schien, als würden sich die Zimmerwände drehen, die Thiere im Stalle brüllten und tobten; Himmel bedeckt. — Feldkirchen, ziemlich heftig. (Klagenf. Ztg. Nr. 67.) — St. Jakob im Gurkthale, 7ʰ Früh starkes Erdbeben. (Klima Kärntens; irrthümlich 19. März.) — St. Veit, Erdbeben. (Mitth. über Gegenstände der Landwirthschaft, S. 42, 1855.) — Zweikirchen, 7ʰ Früh eine von N. nach S. rollende Erdbewegung, bei —2° R. (Lib. memor. Zweik.)

Krain: Das Beben wurde auch in Wurzen bemerkt. (Amtl. Ber. Z. 4202.)

In Finkenstein (SO. von Villach) will man an demselben Tage um 6ʰ Abends abermals eine von unterirdischem Getöse begleitete Erderschütterung beobachtet haben. (Amtl. Ber. Nr. 4673.)

Steiermark: Murau und Turrach, Erdbeben um 7ʰ 3ᵐ. (Kluge, S. 71.)

10. Juli. Bleiberg, 2ʰ 30ᵐ Nachm. schwaches Beben, Dauer 3 Secunden, Richtung S.—N. Im Erdgeschosse ein unterirdisches Dröhnen hörbar, im Freien wurde das Beben gar nicht bemerkt. (Klagenf. Ztg. S. 639.)

1856. (Quellenkritik 17.)

9. Februar. Klagenfurt, minder heftiges Erdbeben. (Jabornegg.)

5. April. Klagenfurt, beiläufig ³⁄₄12ʰ vor Mitternacht ein leichter Erdstoss. (Klagenf. Ztg. S. 315.) Boué nennt auch das nordwestlich von Klagenfurt liegende Tigring als miterschüttert.

9. November. Klagenfurt, 11¹⁄₄ʰ vor Mitternacht leichtes Erdbeben von einem dumpfen Geräusche begleitet. (Klagenf. Ztg. S. 1044.) Dasselbe wurde besonders stark in Laibach um 11ʰ 17ᵐ Nachts gefühlt, so dass Mauerrisse auftraten und Schornsteine einstürzten; es wiederholte sich Tags nachher. Auch in Triest und Cilli 11¹⁄₄ʰ Nachts beobachtet. (Mittein und Perrey's Supplement-Note sur les tremblements de terre en 1857, S. 33.)

1857.

7. Jänner. Tarvis und Umgebung, 6ʰ Morgens starkes Erdbeben von SW.—NO., von Gekrach begleitet. (Klagenf. Ztg. S. 24.) — Saifnitz, 5ʰ 20ᵐ Nachm. Erdbeben. (Ferčnik.)

25. (irrthümlich auch 15.¹) Jänner. Weissbriach, 6³⁄₄ʰ Abends leichtes Beben, Bilder an der Wand kommen in Bewegung. (Kohlmayor.)

31. Jänner. Erdbeben in Oberitalien, mit dem Centrum in der Nähe Parma's. (Bittner.)

---

¹ Wurde nach den Mittheilungen des Herrn Dechant Kohlmayer richtiggestellt.

9. Februar. Althofen, leichtes Beben. (Klima Kärntens.) — Klagenfurt, 5ʰ und 6³/₄ʰ Früh leichte Erdstösse von unterirdischem Getöse begleitet. (Klagenf. Ztg. S. 127.)

10. Februar. Saifnitz, 6ʰ Nachm. Erdbeben. (Ferénik.)

17. Februar. Saifnitz, 9ʰ Vorm. Erdbeben, Richtung OW. (Ferénik.)

7. März. Im ganzen Lande; folgende meteorologische Stationen berichten: Klagenfurt, St. Paul (Lavantthal), Stelzing (Saualpe), Althofen, St. Jakob (Gurk), Steinbüchel, Saifnitz, Tröppelach, Weissbriach, St. Jakob (Lessachthal), Sachsenburg, Obervellach, Dössen (bei Mallnitz), Raggaberg (Möllthal), Heiligenblut, St. Peter (Katschthal) und Obir; ferner liegen Nachrichten vor von Prävali, Eberndorf, Sittersdorf, Ferlach, Tigring, St. Veit, Ossiach, Gurk, Rosegg, Villach, Lieseregg und Tarvis. Im Nachstehenden seien einige Details mitgetheilt.

Klagenfurt, ³/₄4ʰ Früh Erderschütterung mit Geräusch verbunden, 5 Secunden dauernd, ziemlich heftige, schwingende Bewegung, Richtung W.—O.; Möbel zitterten, Gläser und Fenster klirrten, Vögel fielen von den Sprossen, Himmel klar, Bar. gegen Vorabend unverändert, gleich darnach gestiegen. (Klagenf. Ztg. S. 212.) Im Wesentlichen (Zeit und Schwingungsrichtung) stimmen die Berichte mit Klagenfurt überein, von Prävali, Ferlach, Tigring, St. Veit, Lieseregg und Tarvis. (Klagenf. Ztg. S. 216.) — Eberndorf, 3ʰ 50ᵐ Früh rasch hinter einander folgende Schwingungen, Dauer wenige Secunden, Geräusch vor und nach dem Beben, Fenster klirrten, Betten schwankten. (Klagenf. Ztg. S. 236.) — Sittersdorf, 4ʰ Früh heftiges Erdbeben, Richtung SO.—NW., vier Stösse in kurzer Folge, jedem ging ein donnerähnliches Rollen voraus, darnach eine rüttelnde Bewegung, so dass Fenster klirrten und Möbel schwankten; die ganze Erscheinung dürfte 2 bis 3 Minuten gedauert haben. Himmel leicht bewölkt, Bar. schönes Wetter, Temp. —3°. — Gurk, ¹/₄4ʰ Früh Erdbeben mit donnerähnlichem Getöse, schwingende Bewegung W.—O., zwei rasch aufeinander folgende Stösse von einigen Secunden Dauer, ohne Nebaden, Witterung hübsch. (Klagenf. Ztg. 1857, S. 223.) — Villach, 3ʰ 58ᵐ Morgens, Richtung der wellenförmigen Beben NO.—SO., Dauer circa 5 Secunden, Bar. sehr hoch. — Auch in Rosegg und Finkenstein verspürt. (Amtl. Ber. Z. 3924.) — Rosegg, circa ³/₄4ʰ Morgens heftige Erschütterung, stärker als jene im März 1855, Dauer 5 Secunden, Richtung N.—S. oder NO.—SW.; donnerähnliches Getöse; eine Pendeluhr blieb stehen und ein Kleiderstock fiel um, einige Häuser bekamen Risse, ein Schornstein ist theilweise eingestürzt. (Amtl. Ber. Z. 3868 und 4072.) — Weissbriach, 4ʰ Morgens drei rasch folgende, doch schwache Erdstösse. (Kohlmayer.)

Von diesem Erdbeben wurde unser Kärnten erschüttert:

Krain: Laibach, 3ʰ 50ᵐ Früh nicht unbedeutendes Beben, fünf Stösse in Minuten langen Pausen, darunter der erste am stärksten und anhaltendsten und von unterirdischem Getöse begleitet, Richtung N.—S., Dauer der horizontalen Schwingungen 15—20 Secunden. Auch die letzte, wenn auch schwache Erschütterung war von rollendem Getöse begleitet. Einige Mauerrisse entstanden und Anwurf fiel von den Wänden. — Zwischen Adelsberg und Planina wurde die Erschütterung ebenfalls gefühlt. (Mittheil.)

Ferner: Cilli, Agram, Fiume, Triest, Capodistria.

Venedig, Richtung OSO.—WNW. — Veglia, starker Stoss, S.—N. — Padua, 3ʰ 20ᵐ zwei Stösse, Richtung NO.—SW.

Negative Berichte: Graz, Wien und Ragusa. (Klagenf. Ztg. 1857, S. 227, Bittner, welch' letzterer irrthümlich Februar anstatt März schreibt.)

10. März. Provinz Treviso, 4ʰ Morgens Erdbeben. (Bittner.)

? 7. Mai. St. Jakob im Rosenthale, unbedeutendes Erdbeben. (Jabornegg.) (Quellenkritik 18.)

? 10. October. St. Jakob im Rosenthale, unbedeutendes Erdbeben. (Jabornegg.) (Quellenkritik 18.)

25. December. Es beginnt hiermit eine Reihe von Erdbeben, welche entweder nur in Rosegg (nach Boné,) irrthümlich in Krain gelegen) und Umgebung gefühlt wurden, oder bei einem grösseren Verbreitungsbezirke das Centrum in Rosegg hatten, so dass letzteren zu einem „habituellen Stossgebiete" wurde.

Rosegg und Umgebung, ¹/₂3ʰ nach Mitternacht äusserst heftiger Erdstoss, die Richtung N.—S. oder NO.—SW., von einem donnerähnlichen dumpfen Knalle und einem Rauschen durch die Luft begleitet. Dauer einige Secunden; Theile von Schornsteinen stürzten ab, fast alle Mauern im Orte erhielten Risse. (Amtl. Ber. Z. 19852, 1857 und Klagenf. Ztg. S. 40, 1858.) — Klagenfurt, Früh gegen 2¼ᵇ eine 2 Secunden dauernde wellenförmige Erdbewegung. — Tigring, 2ᵇ nach Mitternacht, Häuser zitterten, Richtung SW.—NO., ein dumpfes Rollen hörbar. — St. Veit, 2¼ᵇ nach Mitternacht, Richtung schien O.—W., rüttelnde Bewegung von Möbeln, von einem dumpfen Getöse, gleich dem eines rollenden Wagens begleitet. — Ossiach und Umgebung, 2ᵇ 15ᵐ Morgens heftige Erderschütterung, Richtung SW.—NO., Dauer 1½ Secunden, von einem unterirdischen Geräusche, gleich dem eines auf gefrorenem Boden rollenden Wagens, begleitet. Fenster klirrten, Bilder bewegten sich, Bar. stand auf „veränderlich". (Klagenf. Ztg. 1857, S. 1175 und 1184.) — Steinbüchel (Winitzthal), starker Erdstoss. (Klima Kärntens.) — Tarvis, nach 2ᵇ Nachts bedeutendes Erdbeben; zuvor und darnach mildes Wetter, wolkenloser Himmel. (Klagenf. Ztg. 1857, S. 1177.)

Fast zur selben Zeit wurde im Ennsthale in der nördlichen Steiermark und dem angrenzenden Ober-Österreich ein Beben bemerkt, dessen Erschütterungsgebiet mit jenem von Rosegg in keinem nachweisbaren räumlichen Zusammenhange stand; so wird z. B. von Liezen gemeldet ein Stoss um 12ᵇ 27ᵐ nach Mitternacht, dem Tag zuvor (24. December) drei Stösse, und zwar um 2ᵇ 5ᵐ und 4¼ᵇ Nachm. und 10ᵇ 30ᵐ Nachts vorangingen. Auch in Admont wurde dieses Beben beobachtet. (Klagenf. Ztg. 1858, S. 3.) — Auch in Windischgarsten, das A. Boué irrthümlich nach Kärnten verlegt, wurde am 24. December um 1ᵇ 35ᵐ Vorm. ein wellenförmiges Beben mit W.—O. Richtung gefühlt. (Boué a.) — Von Aussee und Leoben liegen negative Berichte vor.

In der Nacht vom 28. auf den 29. December wurden in Rosegg zwei leichtere Stösse gefühlt, und zwar der erste um ¾ 12ᵇ vor und der zweite um 1 ½ᵇ nach Mitternacht. (Amtl. Ber. Z. 353, 1858 und Klagenf. Ztg. S. 40, 1858.)

1858.

8. Jänner. Rosegg, ¾ 5ᵇ und ½ 10ᵇ Abends zwei heftige Erschütterungen, insbesondere erstere von einem starken Knall begleitet, während die zweite heftiger war und länger dauerte. Richtung bestimmt NO.—SW. (Amtl. Ber. Z. 353 und Klagenf. Ztg. S. 40.); nach letzterer Quelle wurde auch am

9. Jänner in Rosegg Früh ½ 6ᵇ eine Erschütterung verspürt.

15. Jänner. Erdbeben in den Karpathen und Sudeten, bekannt als Silleiner Erdbeben.

In der Nacht vom 2. auf 3. April in Rosegg drei Erderschütterungen, und zwar die erste um 11ᵇ 25ᵐ vor, die zweite bald nach 12ᵇ, und die dritte um 1 ½ᵇ nach Mitternacht. Besonders heftig war der erste und dritte Stoss, jeder davon dauerte 3—4 Secunden und war von einem dumpfen Knalle (insbesondere der erste) begleitet, Richtung SW.—NO. (Amtl. Ber. Z. 4957 und Klagenf. Ztg. S. 324.) Auch in Ferlach und dessen Gerichtsbezirk wurde am 2. April ein Beben verspürt, nähere Angaben fehlen. (Amtl. Ber.)

Vom 3. bis 13. April haben Rosegg und Umgebung, insbesondere die gegen Süd gelegenen Ortschaften 13 mehr oder minder heftige Erdbeben erlebt, und zwar das letzte am 13. April, 12ᵇ 25ᵐ Mittags; jeder Erdstoss kündete sich durch ein donnerähnliches Getöse an, dem erst das Beben nachfolgte; die Richtung der Bewegung war durchaus von SW.—NO. oder von W.—O., die Dauer derselben 2—3 Secunden; der letztgenannte Stoss war besonders heftig, so dass dem Bezirksvorsteher das Geld beim Zählen aus den Händen fiel. (Hoffmann's amtl. Ber. zum Theil abgedruckt in der Klagenf. Ztg. 23. April.) Von jener Zeit fast stetigen Bebens der Erde in Rosegg liegen negative Berichte vor von Villach und dem Arnoldsteiner Bezirke und von Ferlach. (Amtl. Ber.)

Prof. Hoffmann begab sich im Auftrage der hohen k. k. Landesregierung circa am 14. April nach Rosegg und berichtet, dass während seines Aufenthaltes keine Erschütterung gefühlt wurde. Er fand fast an allen einstöckigen Häusern Risse; neue Zubaue, welche mit dem alten Gebäude weder durch Schmatzen noch Schlüssen verbunden waren, nach der ganzen Höhe abgetrennt; die Mauerbeschädigungen entstanden grösstentheils am 25. December 1857. Besonders stark hatte die Sakristei der Pfarrkirche gelitten, wo die 0·5 Meter dicke Mauer sich von dem Kirchengebäude derart losslöste, dass man am Thor durch die so entstandene verticale Spalte ins Freie sehen konnte; auch das Presbyterium zeigte weit verlaufende Sprünge. Das fürstliche Schloss erlitt gar keinen Schaden, nicht einmal Mörtel war abgefallen, blos das am linken Flügel separat stehende Gebäude hatte unbedeutend gelitten. Nach Hoffmann's Angabe gingen alle Erdschwingungen von SW. nach NO. Die Orte, welche die Erschütterungen von Rosegg verspürten, sind: Rosenbach, Gorintschbach, Raun, Pirk, Buchheim und Berg. Die Orte am Wörthersee verspürten nur das Beben am 25. December 1857. In Föderlach (Bezirk Rosegg) entstand, wie es scheint Anfangs April, eine Erdsenkung; schon vor zehn Jahren will man an derselben Stelle die gleiche Erscheinung beobachtet haben. Hoffmann glaubt, dass diese Senkung einer alten Begräbnisstätte zuzuschreiben sei. — In physiologischer Beziehung sei erwähnt, dass viele Frauen und Mädchen während des Bebens ohnmächtig wurden, dass die Vögel eine auffallende Unruhe zeigten, dass Hunde heulten und sich zu ihren Herren drängten, die Pferde aufsprangen u. s. w. (Quellenkritik 19.)

Niederösterreich. 8. und 10. April. Starke Erdstösse in Josefsthal bei Litschau (Suess).

7. Mai. St. Jakob (Lessachthal), Morgens leichtes Erdbeben. (Meteor. Monatsber.)

10. October. St. Jakob (Lessachthal), Tarvis, Raibl und Sachsenburg, leichter Erdstoss. (Meteor. Monatsber.)

1860.

31. Jänner. Rosegg, $2^3,_4^h$ Nachm., Dauer 2—3 Secunden, Richtung N.—S.; nicht heftig, obwohl Fenster klirrten; sehr starkes Rauschen in der Luft begleitete den Erdstoss. (Amtl. Ber. Z. 1586 und Klagenf. Ztg. Nr. 30.)

16. Februar. Klagenfurt, $3^h 12^m$ Früh, zwei Erdstösse in der Richtung NW.—SO., wovon der erste ein leichter, der zweite heftiger und länger dauernd, so dass der grösste Theil der Schlafenden erwachte; ein donnerndes, sturmähnliches Brausen begleitete das Beben. Die Bewegung wird mit jener verglichen, welche man in einem rasch über einen holperigen Weg dahin fahrenden Wagen empfindet. Gläser in den Kästen klirrten, leichte Gegenstände geriethen in Bewegung, Himmel heiter. (Klagenf. Ztg. Nr. 38.) — Das Beben wurde auch in und um Christofhof, Bewegung NO.—SW., in Wasserhofen (zwischen St. Kanzian und Kühnsdorf) und auf der Petzen verspürt. — Negative Berichte liefen ein von Sorgendorf bei Bleiburg, Liescha, Raibl, aus dem Gail- und dem Mölltha le. (Briefe, im unturb. Landesmus. aufbewahrt.)

? 18. März. Obervellach und durch das ganze Mölltbal ein Erdbeben. (Klima Kärntens.) (Quellenkritik 20.)

13. September. St. Jakob (Lessachthal), $1,_4^h 12^m$ Nachts, leichter Erdstoss, Richtung O.—W. Obervellach, $11^1,_4^h$ Abends Erdbeben. (Meteor. Monatsber.) (Quellenkritik 21.)

30. October. St. Jakob (Gurkthal), $8^1,_4^h$ Abends, bedeutender Erdstoss. (Meteor. Monatsber.) — Neumarkt (Steiermark) $2,_4^10^h$ Abends und $11^h 5^m$ Nachts zwei Erdbeben; das erste nur eine kurz abgebrochene intensive Erschütterung in drei Stössen von 2 Secunden Gesammtdauer, die zweite mehr schwingend und stärker, von 6 Secunden Dauer, Richtung N.—S., Gläser klirrten und die Betten schwankten. (Klagenf. Ztg. Nr. 258.)

1861.

11. Juni. Liescha, 4^h Morgens, ein rollendes Erdbeben, welches in der Grube nicht empfunden wurde. (v. Webern's Brief.)

21. Juni. Liescha, $9^h 51^m$ Vorm., ein stossendes, ziemlich starkes Erdbeben, Dauer 3 Secunden, zwei rasch aufeinander folgende Stösse waren fühlbar, Richtung NO.—SW., Bar. stand über „veränderlich"; wurde auch in der Grube sehr deutlich gefühlt. Das Beben war gegen NW. bis Bleiburg, nach SW. bis Schwarzenbach fühlbar. (v. Webern's Briefe im unturb. Landesmus.)

1862.

Fast während des ganzen Jänners, und im Zellerthale während dieses Monates fast täglich, wurden an der Nordseite der Koschutta Erdbeben verspürt; der regenarme Sommer 1861 und der schneearme Winter 1861/2 hatte in dieser Gegend allgemeinen Wassermangel zur Folge, die vielen wasserreichen Quellen, namentlich in Zell, waren schon im August versiegt, was früher gar nie beobachtet wurde.

1. Jänner. Ferlach, 2^h 45ᵐ Nachmittags, starke verticale Stösse, welche selbst grössere Gegenstände aus ihrer Lage brachten, und mit einem eigenthümlichen Geräusche in der Luft verbunden waren; dasselbe gilt auch von Waidisch (Klagenf. Ztg., Nr. 8, 1862). — Zell, Mitternachts Erdbeben. (Ztg. f. Kärnten, S. 36.) — Bad Vellach, Erdbeben (Prettner's Manuscripte.)

5. Jänner. In Innsbruck (Tirol) wurden abermals zwei schnell nach einander folgende, ziemlich starke Erdstösse verspürt; es ist dies das dritte dort wahrgenommene Erdbeben binnen kurzer Zeit. (Klagenf. Ztg. Nr. 7.)

6. Jänner. Waidisch und Zell, 3^h Nachmittags, Erdbeben. (Ztg. f. Kärnt., S. 36.)

7. Jänner. Waidisch und Zell, 7^h Abends. (Ztg. f. Kärnt. S. 36.) — Ferlach, 1^h 30 nach Mitternacht, schwächeres Beben. (Klagenf. Ztg. Nr. 8.)

8. Jänner. Waidisch und Zell, 12^h Mittags, Erdbeben. (Ztg. f. Kärnt. S. 36.)

9. Jänner. Klagenfurt, gegen ¹/₁ 1^h Mittags ein leichter senkrechter Erdstoss, ein zweiter 7^h 15ᵐ Abends (v. Jabornegg. — Met. Monatsber. — Klagenf. Ztg. Nr. 7.) — Ferlach, 12^h 26ᵐ Mittags und 0^h 28ᵐ Abends, senkrechte Erdstösse, letzterer hier und in Waidisch (wird von der „Zeitung für Kärnten" in Frage gestellt) stark, so dass selbst grössere Gegenstände aus ihrer Lage kamen, ein eigenthümliches Geräusch in der Luft begleitete die Beben. (Klagenf. Ztg. Nr. 8.) — Rosegg, einige Minuten nach 12^h Mittags eine stärkere Erdbewegung, nachdem an früheren Tagen schwächere Beben beobachtet wurden. — Auch im sächsischen Voigtlande und am Erzgebirge, bis Leipzig reichend, ein starkes Erdbeben von donnerähnlichem Rollen begleitet. (Klagenf. Ztg. Nr. 11.)

10. Jänner. Ferlach, 11^h 4ᵐ Mittags, ein leichter verticaler Erdstoss. (Klagenf. Ztg. Nr. 8.) Nach v. Jabornegg nach Klagenfurt (von Prettner bestätigt), Tigring, Bad Vellach, Ferlach und Waidisch; in letzteren zwei Orten senkrechter Stoss um 11^h 4ᵐ, darauf wellenförmige Bewegung.

12. Jänner. Ferlach, 1^h 4ᵐ Mittags, kurzer ziemlich heftiger, senkrechter Stoss. (Klagenf. Ztg., Nr. 15.) — Zell und Waidisch, 1^h Nachmittags. (Ztg. f. Kärnt., S. 36.) — Klagenfurt, 4^h 15ᵐ kurz dauerndes Beben. (Jabornegg.)

14. Jänner. Klagenfurt, 4^h 30ᵐ, schwaches und kurz dauerndes Erdbeben. (Jaborneggg und Prettner.) — Zell und Waidisch, 12^h Nachts und 4^h 15ᵐ Nachmittags. (Ztg. f. Kärnt., S. 36.)

15. Jänner. Waidisch und Zell, ¹/₁ 1^h Früh, Erdbeben. (Ztg. f. Kärnt. S. 36.)

16. Jänner. Bad Vellach, Erdbeben. (Klima Kärntens.) (Quellenkritik 22.)

18. Jänner. Klagenfurt, 1^h nach Mitternacht, starker Erdstoss mit lange andauernder schwingender Bewegung, Rollen, Klirren und Sausen. (Meteor. Monatsber. — Klagenf. Ztg. Nr. 15.) — Ferlach, 12^h 56ᵐ nach Mitternacht, länger andauernde, wellenförmige Schwingungen, Richtung SW.—NO. und mit starkem, donnerähnlichem Rollen in Verbindung. (Klagenf. Ztg., Nr. 15.) — Zell und Waidisch ¹/₁ 1^h Früh, Erdbeben. (Ztg. f. Kärnt., S. 36.) — Bad Vellach, Erdbeben. (Klima Kärntens.)

21. Jänner. Ferlach, 11^h 24ᵐ Nachts, senkrechter, kürzer, ziemlich heftiger Stoss. (Klagenf. Ztg. Nr. 24.)

23. Jänner. Tigring, ¹/₁ 1^h nach Mitternacht, Erdbeben, stossend, Richtung N.—S., stärker, wie die beiden anderen in diesem Monate vorangegangenen. (Klagenf. Ztg. Nr. 20.)

24. Jänner. Ferlach, 1^h 2ᵐ nach Mitternacht, kurzer, senkrechter, heftiger Stoss. — Klagenfurt, um die gleiche Zeit zwei kurz andauernde Erdbeben. (Klagenf. Ztg., Nr. 24.)

25. Jänner. Ferlach, 4^h 32ᵐ Nachmittags, nach wiederholten senkrechten Stössen folgten länger anhaltende, auffallend heftige Schwingungen, die von einem donnerähnlichen Rollen begleitet waren. (Klagenf. Ztg. Nr. 24.) — Dieses Beben wurde auch in Rosegg, Tigring, Bad Vellach wahrgenommen. (Jaborneggg.)

Zu diesen vielen Erdbeben, welche in Ferlach in diesem Monate gefühlt wurden, bemerkt der Berichterstatter für die Klagenf. Ztg., Nr. 24, von da: Wir haben nun hier im Thale und insbesondere in der Umgebung von Ferlach seit 1. Jänner elf Erderschütterungen beobachtet, die in verschiedenen Formen und Richtungen, theils stärker, theils schwächer, kürzer oder anhaltender, an uns nicht ohne Besorgniss vorübergingen. — Die bis heute möglich gewordenen Nachforschungen führten zur Wahrscheinlichkeit, dass die Mehrzahl dieser Erscheinungen sich nur auf einen bestimmten Rayon beschränkten, welcher Ferlach und die nähere Umgebung,

sowie den östlichen und südöstlichen, stark gebirgigen Theil dieses Bezirkes in sich fasst. So haben z. B. die
Bewohner des oberen Rosenthales und namentlich die der Ortschaften **Weitzelsdorf**, **Hundsdorf** und
Feistritz, sowie die Gebirgsbewohner von **Bären-Thal** und **Windisch-Blotberg** in dem westlichen und
südöstlichen Bezirkstheil nur wenige und leichtere Erdstösse empfunden, während das hochgelegene und von
riesigen Kalkmassen umschlossene Zellerthal im laufenden Monat täglich und an manchen Tagen auch wiederholt
von bedeutenden Erdstössen heimgesucht wurde, die auch ohne Zweifel an Stärke die hier beobachteten über-
troffen haben, da ein ziemlich starkes Mauergewölbe nicht unbedeutenden Schaden erlitten hat. — Nach glaub-
würdigen Aussagen von Männern aus der Zell waren manche Erderschütterungen so heftig, dass grössere, an
den Holzwänden ihrer Wohnungen hängende Gegenstände in Bewegung geriethen; leider waren dieselben
während solcher Augenblicke von einem unheimlichen Gefühle übermannt, und hatten andere Nebenumstände
weniger beobachtet.

26. Mai. **Kötschach**, 5^3‚^{h} Nachmittags wollen Einige einen sehr schwachen Erdstoss gefühlt haben.
(Klagenf. Ztg. Nr. 132.)

27. Mai.[1] **Kötschach** und Umgebung, 1^{h}2^m nach Mitternacht, mehrere schnell aufeinander folgende verticale Erdstösse von 12—15 Secunden Dauer; viele Menschen verlassen erschreckt Bett und Haus, Fenster klirrten, Gläser und Flaschen schlagen aneinander, Hausglocken läuten, Hunde heulen. Nach 3 Minuten folgte ein
zweiter, schwächerer Stoss, von starkem dumpfen Rollen begleitet. (Klagenf. Ztg. Nr. 132. — Quellenkritik 23.)
— **Hermagor**, ungefähr 1^h Nachts, ziemlich heftiger Erdstoss von mindestens 6—7 Secunden Dauer; Fenster
und Möbel wurden gerüttelt. (Klagenf. Ztg. Nr. 137.) — **Spital**, zuvor Geräusch, wie Sturmbrausen, darnach
länger anhaltendes Erdbeben, Richtung sehr wahrscheinlich S.—N. (Herrn **Kumptner's** Privatschreiben.) —
Sachsenburg, starkes Erdbeben. (Klima Kärntens.) — **Gmünd** und **Maltein**, 1^h 10^m Morgens ziemlich
starkes Erdbeben mit senkrechten Stössen. (Zeitschr. d. öst. Ges. f. Met., II. B., S. 214. — Zeitschr. f. Kärnten,
S. 205.— Quellenkritik 24.) — **Obervellach**, 1^h Nachts, Erdbeben einige Secunden dauernd, und von starkem,
donnerähnlichen Geräusche begleitet, Fenster und Gläser klirrten, Bilder an den Wänden und Möbel schwingen,
das Beben wurde im ganzen Möll-Thale gefühlt. (Klagenf. Ztg., Nr. 126.) — **Döllach** (Möll-Thal), ein Schornstein
stürzte theilweise ein. — **Heiligenblut**, 1^h‚^{m} Morgens, ein schreckliches Getöse, gleich dem eines fahrenden
Lastwagens, von 2—3 Minuten[2] Dauer, darauf zitterte und bebte die Erde, und die Felsen krachten. Die Bewegung war eine zweifache, und zwar eine stossende (einen gerade nach Hause gehenden Bauern hob sie dreimal
^{3}‚ Fuss hoch in die Höhe) und eine schwingende, beide dauerten 3—4 Minuten; hierauf trat eine Ruhe von
2 Minuten ein, und dann folgte wieder eine kleine, zitternde Bewegung, die 1 Minute dauerte. Kapellerbaro-
meter 2922 Par. Linien, darum das Thermometer 11° R., Luftthermometer 8·4° R., diese Beobachtungen
geschahen augenblicklich nach den heftigen Stössen und vor der schwingenden Bewegung. Schwingungen und
Getöse gingen von S. nach N., Bewölkung 3, Federwolken. — In der 1200 Fuss höher liegenden Ortschaft
Untertauern schlugen die von S. nach N. schwingenden Essglocken 5 Gmal an. (Klagenf. Ztg. Nr. 129, 1862.)
Salzburg: Zell am See, 27. Mai, 1^h 12^m nach Mitternacht, zwei starke Stösse und wellenartige Erdbewe-
gung verspürt. Richtung W.—O. (Boné α.)

Tirol: 26. und 27. Mai. Erdbeben in Lienz, Sillian, Sand, Windischmatrei, und Welsberg. Am
26. Mai (Stunden siehe unten) waren die Stösse in **Sillian** am heftigsten, Brausen vorangehend, Richtung
NO.- SW., Dauer 12 Secunden, Gebäude wurden heftig erschüttert, Gläser und Geschirre schlagen aneinander;
einige Minuten darnach Sinken des Barometers. — 27. Mai. 1^h 30^m nach Mitternacht wiederholten sich in
Sillian die Stösse mit erneuerter Heftigkeit, 5 Secunden Dauer. (Bote für Tirol und Vorarlberg.)
Boné α ergänzt diese Nachrichten wie folgt: Niederndorf (Puster-Thal), 26. Mai, 5^h 36^m P.M., 27. Mai.
1^h 15^m, 1^h 50^m, 2^h 20^m A. M., Richtung SW.—NO. Hat sich vom Puster-Thal bis Kufstein ausgedehnt, und
ist in **Meran** gefühlt worden, doch hat es südlich Bozen nicht überschritten.

---

[1] A. Boné versetzt dieses Beben irrthümlicher Weise auf den 7. Mai. (Sitzungsber. d. k. Akad. d. Wiss. in Wien, Bd. LVIII.)
[2] Es dürften wahrscheinlich da, wie in den anderen Zeitangaben von Heiligenblut, Secunden gemeint sein.

4 *

Bozen. 26. Mai, starkes Erdbeben 5¹‚₄° P. M. — Brixen, 27. Mai, 1ʰ 15ᵐ A. M. Getöse, Wiederholung um 2ʰ A. M. — Sillian, 26. Mai, 6ʰ 20ᵐ P. M., Dauer 12 Secunden; 27. Mai, 1ʰ 20ᵐ, Dauer ¹‚₄ Stunde. — Kaltstein, 28. Mai, 1ʰ A. M., ziemlich stark.

7. Juni. Maltein, gleich nach 11ʰ Mittags, Erdbeben mit wiederholten Stössen. (Kohlmayer.)

1863.

9. Februar. Klagenfurt, ¹‚₄6ʰ Früh, schwaches Erdbeben. (Tagebuch des Cons.-Kanzlist. Herrn Pfeffer.)

7. März. (?1867.) Sachsenburg, Erdbeben. (Klima Kärntens.) (Quellenkritik 27.)

16. Juli. Arnoldstein, 9ʰ 14 Abends und 3 Minuten später Erderschütterungen, die auch in Gailitz und Pökau verspürt wurden; Temp. +9°. Richtung der Schwingungen N.—S. (Klagenf. Ztg.)

13. October. Tarvis, 5¹‚₄ʰ Morgens, ein schwacher und zwei darauf folgende ziemlich heftige Stösse. Richtung O.—W.; 8³/₄ʰ Abends ein leichtes Erzittern des Bodens; jene beiden Stösse um 5¹‚₄ʰ wurden in Malborget noch stärker empfunden. (Klagenf.Ztg.) — Snifnitz 5ʰ 30ᵐ Morgens, Erdbeben, Richtung N.— S. (Ferenik. — Quellenkritik 25.)

In der Nacht vom 1. auf den 2. November, St. Paul, schwaches Erdbeben, einige Uhren blieben stehen. (Draupost 1863, S. 272.)

1864.

19. Jänner. Maltein, 9ʰ Abends, schwaches Erdbeben. (Zeitschr. d. öst. Ges. f. Meteor. Bd. II. S. 214.)

23. Juni. Maltein und fast das ganze Malta-Thal, 5ʰ 10ᵐ Morgens. Fenster klirrten, Betten hoben und Thüren öffneten sich, Bilderrahmen bewegten sich, und ein dumpfer Krach ward allenthalben gehört. Therm 10° R., Barometerstand günstig, Richtung scheint N.—S. (Klagenf. Ztg. 28. Juni, 1864.)

13. November. Saifnitz, 10ʰ Früh, Erdbeben. — Luggau und das ganze Lesach-Thal, 10ʰ Früh, Erdbeben. (Met. Monatsber.)

25. December. Klagenfurt, 9² ‚₄ʰ Vormittags, heftige Erderschütterung, Gläser klirrnete., Dauer 2- 3 Sec. Richtung schien N.— S. — Ferlach, 9ʰ 37ᵐ Früh, heftige Erderschütterung; zuerst ein dumpfer Knall, dann ein Rollen hörbar, worauf mehrere, 3—4 Secunden dauernde Stösse folgten, die von donnerähnlichem Getöse begleitet waren. Der Schein an der Thurmspitze zeigte ein bedeutendes Schwanken. (8 bis 10 Zoll) in der Richtung SO.—NW., viele Leute eilten aus der Kirche; Schrecken erregend war die Bewegung im zweiten Stocke der Wohnhäuser. Dieses Erdbeben wird als eines der stärksten seit vielen Jahren bezeichnet. — Rosegg, 9ʰ 35ᵐ, ziemlich heftiges Erdbeben, Dauer 3—4 Secunden, Richtung SO.—NW., von einem Rauschen begleitet. (Klagenf. Ztg. vom 27. und 28. December 1864. — Draupost, Nr. 1, 1865.) — Feldkirchen, negativer, von dem nachbarlichen Wachsenberg ein unverbürgter Bericht. (Draupost, Nr. 92, 1864.) - Eisenkappel, 9ʰ 30ᵐ Früh, leichter Erdstoss, Richtung SW.- NO., Himmel bedeckt. (Klagenf. Ztg. 2, 1865.)

26. December. Kohlmayer erwähnt unter diesem Tage ein Erdbeben von Maltein. (Zeitschr. d. öst. Ges. f. Meteor., Bd. II, p. 214.) Auf eine briefliche Anfrage erhielt ich die gütige Nachricht, dass dasselbe im meteor. Journ. nicht aufgezeichnet ist.

1865.

20. März. Maltein 1¹ ‚₄ʰ nach Mitternacht, Erdstoss. (Zeitschr. d. öst. Ges. f. Meteor., Bd. II, p. 214.)

7. Juni. Bleiberg, nach Mitternacht, ein Erdbeben in 4 Stössen. (Klagenf. Ztg. Nr. 132.)

21. Juni. Klagenfurt, 10¹ ‚₄ʰ Abends, schwacher Erdstoss; wurde von keiner anderen meteor. Station gemeldet. (Carinth., S. 281.)

13. Juli. Pöllan (bei Paternion), 5ʰ 50ᵐ, leichte Erdbewegung. (Zeitschr. d. deutsch. Alp. Ver. 1872., S.2.)

16. September. Eisenkappel, circa 10ʰ Abends, leichte Erdbewegung. (Draupost, Nr. 89, 1865.)

19. September. Ferlach, 9¹ ‚₄ʰ P. M., 2 verticale Stösse.? (Buné α.)

20. November. Köttmannsdorf, 4ʰ Nachmittags, bedeutendes Erdbeben, Richtung N.—S., von Getöse begleitet; wurde auch jenseits der Dran namhaft verspürt. (Draupost, Nr. 110, 1865.)

1866.

25. Mai und 13. October. (Quellenkritik 26.)

12. September. Maltein, einige Bewohner behaupteten, eine Erderschütterung gefühlt zu haben, die jedoch Herr Dechant Kohlmayer, welchem ich diese Notiz verdanke, nicht verspürte.

1867.

7. März. Würmlach (Gail-Thal), circa 8ʰ Abends, ein Erdbeben, (Meteor.Monatsber.); in Sachsenburg, 8ʰ ¸ᵐ (Zeitschr. d. öst. Ges. f. Meteor., Bd. V, S. 213) oder 8¼ᵘ Abends, schwache Erderschütterung von kaum mehr als 2 Secunden Dauer. Richtung W—O. Unmittelbar vorangehend ein unterirdisches Rollen, gleich dem eines fahrenden, schwerbeladenen Wagens, welches auch im Freien gehört wurde. — Obervellach. (Klagenf. Ztg. Nr. 58.) Gmünd, 8ʰ Abends, Erdbeben, von einigen Secunden Dauer, Richtung N.—S., von Rollen begleitet; Schlafende erwachten, Gegenstände bewegten sich, und Vögel fielen von ihren Sitzen. Barometer weit unter veränderlich, Tags zuvor eine Sonnenfinsterniss. (Klagenf. Ztg. Nr. 58.) — Maltein, 8ʰ Abends, Erdbeben von 5 Sec. Dauer, angemeldet durch ein donnerähnliches Rollen; Fenster, Käfige, Bilder, Sessel wurden geschüttelt, Hunde drängten sich zu ihren Herren. Zwei wirklich gesonderte Stösse wurden hier nicht wahrgenommen. In höheren Lagen, wie z. B. im Maltagraben bei einer unter der Hochalmspitze liegenden Holzknechthütte wurde es bedeutend stärker gefühlt. — St. Peter (Fuss des Kaschberges) und Leoben im Lieserthale gleichzeitiges Erdbeben. (Zeitschr. der öst. Ges. f. Meteor., Bd. II, S. 215. — Kohlmayer.) — Obervellach,[1] 8ʰ Abends, Richtung W.—O., Dauer 1·5 Secunden, aus zwei rasch folgenden Stössen bestehend, wovon der zweite stärker war. Möbel geriethen in oscillirende Bewegung, kleine Mauerstückchen brachen vom Plafond herab, ein Bild auf der Etagère fiel um, Gläser klirrten. Auch in der weiteren Umgebung Obervellachs, wie in Flattach, Mallnitz, Dössen, Wulligen, verspürte man eine starke Erschütterung. (Klagenf. Ztg.)

Dieses Erdbeben wurde gleichzeitig auch in Salzburg, und zwar in Gastein, am Radhausberge und beim Rauriser Goldberghau, in der Grube sowohl als auch über Tags, wahrgenommen. (Zeitschr. d. öst. Ges. f. Meteor., Bd. II, 215; auch in Windischmatrei (Tirol). (Fuchs im Neuen Jahrb. f. Min., 1868, S. 445.)

8. März. Obervellach. Einige wollen um 1ʰ nach Mitternacht einen minder starken Stoss gefühlt haben. (Klagenf. Ztg.)

25. März. Bleiberg, 5ʰ Morgens, eine wellenförmige Erderschütterung von 2 Secunden Dauer und NO. - SW. Richtung; von einem dumpfen Getöse, ferneren Donner gleich, welches mit einer grossartigen Explosion schloss, begleitet. Der Boden schwankte, Möbel geriethen in Bewegung, einige Hausglocken schlugen an, Fenster klirrten. — Auch in Villach wahrgenommen. (Klagenf. Ztg. Nr. 72. — Quellenkritik 29.)

22. Mai. Bleiberg,[2] 9ʰ Abends ein leichter Erdstoss, so dass Fenster und Trinkgläser klirrten. Auch in Schwarzenbach und St. Michel war das Erdbeben sehr stark bemerkbar. — Liescha, 8⅓ᵘ Abends nach einem kurzen Brausen zwei ziemlich heftige rasch auf einander folgende Erdstösse, in der Richtung SO. NW. verspürt. (Klagenf. Ztg. Nr. 119 und 120.)

23. Mai. Landstrass (Krain), Erdbeben. (Neues Jahrb. f. Min., 1868, S. 448.)

5. Juni. Maltein, 2ʰ Morgens, schwacher Erdstoss. (Kohlmayer.)

16. September. Hausdorf (Gurk-Thal) 8ʰ 15ᵐ Abends sehr heftige, wellenförmige Erderschütterung, so dass die Gebäude in ihren Grundvesten erzitterten; Dauer 2 Secunden; ihr ging ein donnerschlagähnliches Getöse voraus. Wurde auch im Thale, z. B. in Strassburg und Gurk in gleicher Intensität gefühlt. Nachmittags ein vielstündiger Gewitterregen. (Zeitschr. d. öst. Ges. f. Meteor., Bd. II, S. 476.) — Micheldorf, Erdbeben; in Hüttenberg, Lölling und Tiffen nicht bemerkt. (Meteor. Monatsber.)

---

[1] Rodé verwechselt es mit Obervillach.

[2] Fuchs verwechselt es mit Bleiberg. (Neues Jahrb. f. Min. 1868, S. 448.)

29. October. Tarvis, 3ʰ 55ᵐ Morgens, ziemlich starkes Erdbeben, von donnerähnlichem Getöse begleitet. Richtung NW.—SO. Dauer 1 Secunde. Gläser klirrten, Bilder vibrirten. (Klagenf. Ztg. Nr. 251.) — Fast gleichzeitig ein Stoss in den Syrjanen-Minen West-Sibiriens. (Neues Jahrb. f. Min., 1868, S. 452.)

1868.

23. August. Berg (bei Greifenburg), 2ʰ 30ᵐ Nachmittags Erdbeben: der Wildbach wurde trüb.(Kohlmayer.)

11. September. Pontafel, Erdbeben. (Meteor. Monatsber.)

12. September. Berg, 5ʰ 30ᵐ Morgens leichter Erdstoss. Ich vermuthete hier eine Irrung bezüglich der beiden nacheinander folgenden Tage; auf meine Anfrage bei Herrn Dechant Kohlmayer in Berg erhielt ich die Mittheilung, dass für diese Station das Datum richtig sei. Möglicher Weise ist in Pontafel eine Irrung unterlaufen.

1869.

12. Februar. Pontafel, 11ʰ 50ᵐ Mittags, ein mehrere Secunden dauerndes Erdbeben, Hausthüren und Fenster erzitterten. (Kärnt. Bl.) — Würmlach (Gail-Thal), Erdbeben. — Berg, 12ʰ Mittags, unbedeutendes Erdbeben. (Meteor. Monatsber. — Kohlmayer. — Quellenkritik 30.)

11. Februar. Katzdorf bei Mauthausen (Ob.-Öst., Dieffenbach schreibt Kattsdorf, Österreich, nach dieser Schreibweise findet man in Ritter's Lexicon gar keine Ortschaft angegeben).

In der Nacht vom 7. auf 8. September Erdbeben in Berg. (Kohlmayer.)

13. September. Erdbeben in Krain: Radmannsdorf und Laibach. (Dieffenbach.)

16. October. Malltein und St. Peter (Fuss des Katschberges), 5ʰ,ᵃ Früh, Erdstoss. (Meteor. Monatsber.) — Gmünd, 5ʰ 14ᵐ Früh, heftiges Erdbeben mit donnerähnlichem Getöse, so dass Fenster und Gläser gewaltig klirrten. (Wanderer v. 20 October. — Quellenkritik, 31.) — Sachsenburg, circa 5ʰ Morgens, Dauer einige Secunden, Richtung SO. NW. (Kaupitner.)

13. October. Erdstösse zu Radmannsdorf und Vigaun (Krain); 18. October. Desgleichen zu Darmstadt (Hessen). (Dieffenbach.)

?19. December. St. Peter (Katschberg), Erdstoss. (Meteor. Monatsber.)

?20. December. Malltein, Früh Erdstoss. (Meteor. Monatsber.)

21. December. Gmünd, um 5ʰ,ᵃ (Früh?), Erdstoss von Brausen und Rollen begleitet. (Falb, S. 348 cit. — Bohemia, vom 6. Jänner 1870. — Quellenkritik 32.) Fuchs (N. Jahrb. f. Min., 1870) verlegt die Beben von Gmünd und Malltein sogar auf den 22. December.

October, November und December, wiederholte Erdbeben in Gross-Gerau (bei Darmstadt).

1870.

19. December. Erschütterung in Hildesheim und 26. und 27. December, Erdstoss in Darmstadt. (Dieffenbach.)

28. Februar. Klagenfurt, 9ʰ Abends, zwei leichte Erderschütterungen. (P. Benedict's Tagebuch.) Dieffenbach erwähnt von diesem Tage: Erdbeben in Gross-Gerau, Istrien, Kärnten und Krain.

1. März. 8ʰ 57ᵐ P. M. Hauptserschütterung mit dem Centrum in Klana in Istrien (Stur); Erdbeben in Triest und am 2. März in Laibach. (Klagenf. Ztg.)

Februar, März, Mai, Juli und October, Erdbeben in Gross-Gerau. (Deutschland.)

23. September. Feldkirchen, 6ʰ Morgens, starker Erdstoss. Richtung von N. nach O. (wahrscheinlich NW.—SO.?) Gläser klirrten. (Freie Stimmen, Nr. 24.)

1871.

20. Jänner. Döllach (Möll-Thal), Mitternachts, zwei Erdstösse. (Meteor. Monatsber.)

23. Jänner. Erdbeben in Ravenna und 25. Jänner in Gross-Gerau. (Dieffenbach.)

14. August. Raibl 1ʰ 15ᵐ nach Mitternacht, sehr starkes Erdbeben 5—6 Secunden, zuvor ein dumpfes Brausen, ähnlich fernem Donner gehört: zuerst ein schwächerer, und gleich darauf ein so starker Erdstoss,

dass Kinder aus den Betten geworfen wurden, Thüren und Fenster aufsprangen, und eine solide Mauer barst. Die Erschütterung war wellenförmig, Richtung O.—W. (Freie Stimmen, Nr. 83. — Quellenkritik 33.) — Luschariberg. 1ʰ Morgens, heftiger Erdstoss, Richtung NO.—SW. — Pontafel, 1ʰ Früh, starkes Erdbeben. (Meteor. Monatsber. — Ferènik.) Dieses Beben wurde auch in der Flitsch (jenseits des Predils) verspürt, Richtung NO.—SW. (N. Jahrb. f. Min., 1872, p. 772.)

8. August. Erdstösse an der Borgstrasse in Amphissa (Griechenland) und Erdbeben in Agram.

15. August. Erdstoss am Laacher-See, 16. August, dessgleichen im Reichenbacher Thale (Odenwald). (Dieffenbach.)

5. December. Klagenfurt, 11ʰ48ᵐ Nachts, dumpfes, kurzes Rollen, worauf ein Erdstoss folgte; Richtung O.—W., Dauer 2 Secunden. (Freie Stimmen, Nr. 131.)

Nacht 6.- 7. December. Krainische Grenze (Ort?), schwaches Erdbeben, Richtung NO.—SW. (Kärnt. Bl., Nr. 163.)

Anfangs December täglich Erdbeben im Nassenfuss (Krain). (Dieffenbach.)

1872.

31. December. Raibl, 8ʰ Erdstoss, Überschwemmung. (Meteor. Monatsber.)

1873.

8. Jänner. Klagenfurt, 1ᵃ₅ᵇ¹ schwacher Erdstoss. (Meteor. Monatsber.)

Ausserhalb Kärntens: Mittags 1ʰ 45ᵐ, Erderschütterung in Adelsberg von SO. nach NW. In Laibach hatte dieselbe rein süd-nördliche Richtung. In Triest wird der Eintritt des Bebens auf 1ʰ 57ᵐ angegeben, und dasselbe bestand dort aus 4 starken, deutlich unterscheidbaren Stössen, von S. nach N. sich fortpflanzend. (C. W. C. Fuchs.) — Idria, zwei rasch aufeinander folgende Stösse, Richtung SW.—NO. (Klagenf. Ztg. Nr. 13.)

12. März. Saifnitz, 9ʰ 15ᵐ P. M. Erdbeben, Richtung SW.—NO. (Ferènik.) — Pontafel (Meteor. Monatsber.) — Sachsenburg, 9ʰ 30ᵐ Abends, 4 Secunden vor dem Eintritte des Bebens Getöse gleich dem Rollen eines schweren Wagens. Die Richtung des schwingenden Erdbebens war SO.—NW. (Kamptner. Klagenf. Ztg. v. 19. März.) C. W. C. Fuchs berichtet über dieses Beben: „12. März, Abends 9ʰ 10ᵐ, ziemlich heftiges Erdbeben in Triest, Venedig, Görz u. s. w., welches sich in einem weiten Kreise nach allen Seiten hin ausbreitete. Es dauerte 15 Secunden und verbreitete sich hauptsächlich nach NW., wurde aber auch in östlicher Richtung und weiter südlich gespürt, z. B. in Spalato und Ragusa. In Ancona bemerkte man zuerst ein Schwirren und Klirren in der Luft, dann einen senkrechten Stoss, welchem die Wellenbewegung des Bodens folgte. Sehr stark war das Erdbeben auch in Rom, Spoleto, ganz Umbrien und in allen Orten des Albaner-Gebirges. Gegen NW. erstreckte es sich tief in die Alpen. In Meran und Bozen erfolgte die Erschütterung gegen 9ʰ Abends und wiederholte sich um 2ʰ Nachts. In Obermais bei Meran konnte man mehrere Schwankungen unterscheiden. Auch in Sterzing bemerkte man deutlich das Herannahen der Bewegung von SO. und ihre Fortpflanzung nach NW. mit dumpfen Rollen. Selbst in Nord-Tirol wurde das Erdbeben noch in verschiedenen Orten gespürt, und der mächtige Wall der Alpen bildete demnach kein Hinderniss für dessen Ausbreitung. Es ist in hohem Grade wahrscheinlich, dass dieses Erdbeben den Beginn der später so heftig und häufig auftretenden Erderschütterungen bei Belluno anzeigte. Wenn auch am 12. März diese Stadt sich noch nicht hervorragend auszeichnete, so ist doch durch diese Erschütterung schon genau dasselbe Gebiet nach allen Seiten hin betroffen worden, welches später bei den Erderschütterungen von Belluno so oft in Mitleidenschaft gezogen wurde, und besonders die nordwestliche Verbreitung in die Alpen hinein stimmt mit der Fortpflanzung der Erschütterung von Belluno vollkommen überein.“

„13. März, Morgens 9ʰ, Erdbeben in Zara (Dalmatien), anfangs rollend, dann stossend, dasselbe währte 1½ Minuten und erstreckte sich von N. nach S. Fenster und Gläser klirrten.“ (C. W. C. Fuchs.)

---

¹ Obzwar keine Tageszeit angegeben ist, so kann mit Rücksicht auf die unmittelbar nachfolgenden Mittheilungen nicht gezweifelt werden, dass Mittags gemeint ist.

29. Juni. Fast ganz Kärnten wurde von einem Beben erschüttert, welches sein Centrum bei Quantin nahe bei Belluno gehabt hat. Über diese gewaltige Erderschütterung, welche auch in Baiern, Tyrol, Salzburg, Ober-Österreich, Steiermark. Krain, Croatien, Küstenlande, Görz und durch ganz Venetien etc. gefühlt wurde, hat Herr Alex. Bittner in den Sitzungsberichten der k. Akademie der Wissenschaften (Bd. LXIX, Seite 541) eine sehr sorgfältige Arbeit veröffentlicht, der wir den grössten Theil des auf Kärnten bezüglichen Materiales entnehmen, was durch ein beigefügtes *B* angedeutet ist. Auch ich habe diese ausgedehnte Erderschütterung näher untersucht, und die Resultate dieser Studie in den Sitzungsberichten der k. Akademie der Wissenschaften in Wien (Bd. LXXIV, S. 819—856) niedergelegt. Es sei somit auf diese beiden Arbeiten hingewiesen. Einige Angaben Falb's (Gedanken und Studien) wurden mit *F* bezeichnet.

Döllach. Um 5ʰ Morgens sehr starke Erderschütterung, die in mehreren Stössen und Schwankungen ungefähr 3 Minuten dauerte. (Lehrer Koban.) (B.)

Goldzecho und Zirmsee. Starkes Erdbeben, eigenthümliches Geräusch des Gletschers, Stücke der Gletscherwand fallen ab. (Zeitschr. d. öst. Ges. f. Met., Nr. 14.) (B.)

Obervellach. Erdbeben. (Zeitschr. d. öst. Ges. f. Met., Nr. 14.) (B.)

Maltein. Sehr starkes Erdbeben von NO. (Zeitschr. d. öst. Ges. f. Met., Nr. 14.) (B.)

Oberdrauburg. Bedeutende Erschütterung, so dass hängende und stehende Gegenstände in Bewegung geriethen; mehrere Stösse. (Lehrer Dragatin.) (B.)

Kornat. Um 5ʰ 10ᵐ 50ˢ⁻ Erdbeben von W.—O. Geräusch wie von fahrenden Wägen; Gläser und Kochgeschirre stossen klirrend aneinander. (Zeitschr. d. öst. Ges. f. Met., Nr. 14.) (B.)

Tröppelach. Um 5ʰ 20ᵐ Erdbeben von S.—N. Dauer 6 Secunden. Freihängende Gegenstände wie vom Winde bewegt. Gelände zitterten, so dass ängstliche Leute ins Freie stürzten. Man hat noch nie ein so starkes Erdbeben verspürt. (Zeitschr. d. öst. Ges. f. Met., Nr. 14.) (B.)

St. Hermagor. Einem recht eingehenden Berichte des Herrn Lehrers J. Lach ist das Nachstehende entnommen: Um 5ʰ ⁴ erfolgten zweimal heftige Stösse, und zwar getrennt durch einen Zwischenraum von 6—10 Secunden. Diese Stösse erfolgten nach meinem Dafürhalten in der Richtung S.—N., welchen Umstand ich mir aus Folgendem erkläre: Herr J. Moro, Postmeister, lag am angegebenen Morgen völlig wach im Bette und las in Zimmermann's „Erdball." Kurz vor dem ersten Stosse legte er das Buch auf die auf dem Nachtkästchen befindlichen beiden anderen Bände gedachten Werkes. Da erfolgte plötzlich der Stoss, und der ganze „Erdball" fiel vom Kasten, und zwar nach der südlichen Richtung. Gleich darauf folgte der zweite Stoss. Beide waren so stark, dass der Postmeister befürchtete, der Boden werde einstürzen. Zwischen beiden Stössen schien die ganze Erde zu zittern. Ein anderer Herr wurde in seinem Bette wach gerüttelt, welches Bett in der Richtung N.—S. steht; da nun der Betreffende in westöstlicher Richtung gewiegt wurde, hielt er dafür, die Stösse seien von O.—W. gerichtet gewesen. In Rattendorf stand ein Bauer, als der Stoss erfolgte, vor seinem Hause; er bemerkte, dass die Spitze des Thurmes schwankte. In Jedersdorf läutete in der Mühle die Glocke, und in Weissbriach bekam das neugebaute Haus des Herrn Socher erhebliche Risse.

Greifenburg. Von hier ist ein in ähnlicher Weise ausführlicher Bericht eingetroffen, der vom Lehrer J. Gritschacher herrührt und beiläufig das Folgende besagt: Der erste Stoss war ziemlich heftig, so dass Gegenstände, wie ein apfelförmiges Stück Seife, und eine Ahle mit walzenförmigem Hefte vom Tische gegen Süden hinabrollten. Die gegen West gekehrten Fensterscheiben klirrten ungemein, und die an der nördlichen Zimmerwand hängende Guitarre schlug 6- oder 7mal gegen diese. Das durch den ersten Stoss hervorgebrachte Zittern des Erdbodens dauerte etwa 10 bis 15 Secunden. Hierauf trat eine Pause von circa 40 Secunden ein, und der zweite Stoss war nur mehr schwach und kurz. Die Stärke ist je nach der verschiedenen Unterlage eine sehr veränderliche gewesen. Insbesondere diesseits der Drau, wo sehr häufig die Häuser auf Schutt erbaut sind, war die Bewegung eine derartige, dass die Leute voll Schrecken aus den Betten sprangen, und in Käfigen gehaltene Vögel ängstlich flatterten. Jenseits der Drau, d. i. am rechten Ufer, wo viele Häuser auf Lehm und Thonboden stehen, wurde das Erzittern kaum besonders merklich beobachtet. Die Zahl der Stösse wird übrigens verschieden (2—5) angegeben. (B.)

Berg bei Greifenburg. Drei Stösse hinter einander, Klirren der Fensterscheiben, Federn des Schlagwerkes von Uhren schlugen an einander und an die Wand. (Zeitschr. d. öst. Ges. f. Met. Nr. 14.) (B.)

Sachsenburg. Um 5ʰ 15ᵐ Erschütterung von S.—N. Dauer 5 Secunden, Leuchter stossen an einander. In Greifenburg und Spital soll das Schwanken 3 Minuten gedauert haben. (Zeitschr. d. öst.Ges. f.Met. Nr. 14.) (B.)

Millstadt. Geräusch, dem Dahinrollen eines Eisenbahnwaggons gleich; Bewegung der Möbel. Dauer 15—20 Secunden. Zu ebener Erde wohnende Personen haben nichts vernommen. Der Fischer, welcher zur Zeit am Seeufer stand, sagt aus, es sei ihm gewesen, als ob er plötzlich betäubt worden wäre, und nicht mehr fest stehen könne; der See kam in schwache Bewegung und von seinem Grunde stiegen zahlreiche Luftblasen auf. (Oberlehrer Unterluggauer.) (B.)

Gmünd. 5¹‚ʰ eine sehr starke Erderschütterung in der Dauer von 6—8 Secunden. (Lehrer Stiegler.) (B.)

Paternion. Nach der Beobachtung des antirenden Bahnbeamten war die Stosszeit genau 5ʰ 8ᵐ A. M. (F.)

Weitensfeld (Gurk-Thal.) Um 5ʰ 18ᵐ ein dumpfes, ein Paar Secunden andauerndes Rollen, auf das zwei ziemlich heftige Stösse, durch eine Zwischenzeit von 2—3 Secunden geschieden, folgten, so dass die Fensterscheiben klirrten, einige sogar sprangen. Vom Plafond bröckelte Mörtel herab und Wasser in Gefässen gerieth in Schwanken. Nach dem zweiten Stosse erhob sich ein Wind, der einer auf der Strasse befindlichen Frau den Hut senkrecht in die Höhe, hob und der ganze eine Minute dauerte. (Lehrer Krieb.) (B.)

Gurk. Die Erdstösse waren von einem dem Waldesrauschen ähnlichen Getöse begleitet, Möbel und Bilder gerieten im Stiftsgebäude in Bewegung. (Klagenf. Ztg. vom 2. Juli.)

St. Veit. Starke Erderschütterung. (L. Jeseh.) (B.)

Völkermarkt nach einer gütigen Mittheilung des Herrn Dr. V. Hussa wurde auch hier das Beben gefühlt.

St. Andrae (Lavant-Thal), gegen 5ʰ Früh, drei heftige Erderschütterungen, die fast 3 Secunden dauerten, die Schlafenden erwachten, fühlten deutlich das Schwanken ihrer Betten; am Plafond entstanden Risse, Maueranwurf fiel herab, heftiges Klirren der an den Wänden hängenden Bilder. (Kärnt. Bl. Nr. 29.)

Aus dieser Nachricht geht hervor, dass Bittner's Vermuthung „über die Niederung von Klagenfurt hinaus erstreckte sich in dieser Richtung (NO.) das Beben nicht", unrichtig ist.

St. Kanzian. Erdbeben von NO.—SW.; Dauer 6 Secunden. (Zeitschr. d. öst. Ges. f. Met. Nr. 14.) (B.)

Obir. Erdbeben, Brummen im Berg. (Zeitschrift d. öst. Ges. f. Met. Nr. 14.) (B.)

Gottesthal. Erst horizontal, dann ein Stoss vertical. (Zeitschr. d. öst. Ges. f. Met. Nr. 14.) (B.)

Rosegg. Um 5ʰ 8ᵐ ein etwa 8 Secunden andauerndes, anfänglich in schnelleren, dann in gedehnten Schwingungen ausharrendes Erdbeben, leichte Gegenstände in Oscillationen setzend. Schall wurde keiner wahrgenommen. (Lehrer Michod.) (B.)

Villach. Stösse von S.—N. (?) ziemlich heftig. (Klagenf. Ztg. vom 1. Juli.) — Nach Mittheilungen des Gymnasiallehrers Lang durchaus nicht bedeutend, in drei Stössen. Andere wollen eine heftigere Bewegung empfunden haben. Kleine Gegenstände sollen von Tischen herab, über einander gelegte Teller umgefallen sein. Ziemliches Schwanken der Betten, Klirren von Gläsern und hängenden Schüsseln. (B.)

Bleiberg. Nach an Ort und Stelle eingezogenen Erkundigungen von bedeutender Stärke. Nach dem Schwanken von Wasser in einem Glase die Richtung als SW.—NO. bestimmt. (B.)

Bad Villach. Ziemlich kräftiges Schwanken der Betten. Die Therme ungestört. (B.)

Arnoldstein. Unbedeutendes Schwanken der Betten, im höher liegenden Schlosse stärker; zwei Stösse. (Lehrer Glauzer.) (B.)

Saifnitz, 5ʰ 15ᵐ A. M. Richtung von NW. (Zeitschr. d. öst. Ges. f. Met. Nr. 14.) (B.)

Malborgeth. Ziemlich heftig. Schaukeln der Betten. Auch soll schon vor 12ʰ und nach 1ʰ in der Nacht eine Erschütterung stattgefunden haben. (Lehrer Unterkreuter.) (B.)

Raibl. Nach Aussage mehrerer Personen ganz unbedeutend. Ebenso am Predil. (B.)

Aus Wolfsberg und Lavamünd sind Nachrichten eingegangen, die jede Erscheinung auf das Bestimmteste in Abrede stellen. (B.)

Ferner liegen noch negative Nachrichten vor von St. Paul, Loben bei St. Leonhard (Lavant-Thal) und von Hüttenberg (Privatbriefe.)

Klagenfurt. Bezüglich der Zeit liegt nur eine genaue Angabe dadurch vor, da die an einer nach Süd schauenden Mittelmauer befestigte Uhr des Telegraphenamtes in Folge des Bebens stehen blieb; sie zeigte genau 5ʰ 20ᵐ Wiener Zeit; alle anderen Zeitangaben von Klagenfurt sind nur annähernd richtig. In der Stadt blieben noch mehrere Pendulen stehen, welche sowohl nach N. als auch nach O. sahen, so dass hieraus gefolgert werden muss, dass die Richtung der Erdbebenwelle entweder SW.- NO. oder SO.—NW. war; bei meinem Nachfragen erfuhr ich jedoch so verschiedene Stossrichtungen (O.—W., W.—O., S.—N.), von jedem Beobachter mit aller Bestimmtheit behauptet, dass ich schliesslich diese Frage unentschieden lassen musste, da ich selbst das Beben nicht beobachtete. Eine detaillirte Schilderung desselben verdanken wir Herrn Max Seeland, die ich wortgetreu wiedergebe: „Der ordentliche Stoss dauerte 2 Secunden, und dabei konnte man ein leises unterirdisches Dröhnen vernehmen. Dieses war ziemlich gewaltig und ging in der Richtung O.—W., da eine freihängende Lampe diese Schwingungen machte. Nach demselben war ein unmerklicher Zwischenraum, und nachher konnte man noch 3 Secunden ein schwaches Beben deutlich vernehmen. Die Schwingungen des Bodens waren wellenförmig fortschreitend; in der eben angegebenen Richtung machte die Magnetnadel des Declinatoriums gewaltige Schwingungen von 100—200ᵐᵐ, welche sowohl horizontal, als auch vertical waren. In Folge dieser konnte man den Stand der Nadel nicht beobachten; jedoch sehr schnell nahmen sie wieder ab, da dieselben nach 10 Minuten nur mehr 132 bis 140ᵐᵐ, also nur mehr 8ᵐᵐ waren, und wieder nach 5 Minuten war es schon möglich abzulesen, wo die Nadel auf 137ᵐᵐ, also 19ᵐᵐ über dem Nullpunkt, stand; sie scheint daher von diesem Erdbeben wenig alterirt worden zu sein, da ja der Stand derselben um diese Tageszeit der normale ist. (Zeitschrift d. Berg- u. Hüttenm.-Ver. f. Kärnten. 1873, S. 191.) — Nebst dem Schwanken von freihängenden Gegenständen wusste man von Klirren der Trinkgläser, Knistern des Gebälkes zu erzählen; vereinzelt fiel auch etwas Mörtel vom Plafond herab. — Der Correspondent der „Presse" berichtet von einem Erdstosse, der schon um 2ʰ Nachts gefühlt wurde; nach allen meinen Erkundigungen wurde diese Nachricht nicht bestätigt.

1874.

30. August. Unterdrauburg, 11ʰ 20ᵐ Nachts, starker Erdstoss, von einem Rauschen, ähnlich dem fliegender Tauben, begleitet; Richtung O.—W. Am rechten Drau-Ufer (Steiermark) war der Stoss stärker, so dass Gegenstände klirrten. (Kärnt. Bl. Nr. 37.) — Dieses Beben scheint in Untersteier ziemlich ausgedehnt gewesen zu sein, indem auch Nachrichten von Eibiswald von einem ziemlich heftigen Erdbeben berichten. (Klagenf. Ztg. Nr. 205.) — In St. Oswald bei Eibiswald trat das Beben in der Nacht vom 30. auf den 31. August heftig auf, so dass Häuser zitterten und Möbel gerückt wurden. (C. W. C. Fuchs.)

29. November. Tarvis, ¼7ʰ Früh, wellenförmige Erschütterung von SO.—NW. Die Betten hoben sich, Bilder an der Wand bewegten sich, auch stürzte eine Thüre zusammen. (Süddeutsche Post, Nr. 94.)

1875.

In der Nacht vom 29. auf den 30. Mai verspürte man in Hermagor eine nicht unbedeutende Erderschütterung; Richtung S.—W. (wahrscheinlich SO.—NW. gemeint) und schreckte die Bewohner aus dem Schlafe. (Süddeutsche Post, Nr. 44.)

1. Juni. Berg (bei Greifenburg), 3ʰ Morgens, wellenförmiges Erdbeben. (Carinthia, S. 243.)

Nachdem Hermagor und Berg nahe gelegen sind, so drängt sich Einem die Vermuthung auf, dass sich diese beiden Angaben auf das gleiche Beben beziehen dürften, um so mehr, da beide in der Nacht auftraten.

1876.

17. September. Raibl, zwischen 2ʰ und 3ʰ Nachts Erdbeben. Ein Stoss, Dauer circa 2 Secunden. Richtung O.—W. (Meteor. Monatscher.)

22. October.[1] Raibl, 12ʰ 24ᵐ (Ortszeit) nach Mitternacht, Dauer 4 Secunden, Richtung SW. NO. mit Geräusch verbunden. — Gleichzeitig in Pontafel. Venetien: Resia, 12ʰ 10ᵐ (römische Zeit) nach Mitternacht. — Raccolana-Thal. — Knin in Dalmatien, 4ʰ 22ᵐ Morg., heftiger Erdstoss von N. nach S.; derselbe dauerte unter donnerähnlichem Rollen 3—4 Secunden und wurde auch in Kopreinitz beobachtet. (C. W. C. Fuchs.) Liesing (Lessach-Thal) 6ʰ 30ᵐ Früh, schwaches wellenförmiges Erdbeben. Richtung W.—O.

Pontafel, 9ʰ 11ᵐ 56ˢ (Wiener Zeit) Vormittags Erdbeben, Dauer 5 Secunden, mehrere kurze starke Stösse. Richtung SW.—NO. Zimmerboden schwankte, Möbel wankten, Fenster klirrten, Menschen eilen aus den Häusern.

Leopoldskirchen, einige Minuten nach 9ʰ Früh, heftiges wellenförmiges Erdbeben, von Getöse begleitet. Richtung N.—S. oder S.—N. Pfarrer und Andächtige verlassen die Kirche; schon um ¹⁄₂9ʰ wurde eine Erschütterung gefühlt. — Malborghet 9ʰ 3ᵐ (Prager Zeit) Früh, wellenförmiges Erdbeben, Dauer 3 Secunden, von einem Geräusche begleitet, ähnlich dem eines schwer beladenen Wagens. Freihängende Gegenstände (Luster) geriethen in Schwingung und zwar N.—S. oder S.—N., ein Apfel fiel von einem Kasten, ein Theil der Andächtigen verlässt die Kirche. — Uggowitz, 9ʰ 3ᵐ (Ortszeit) Früh, ein heftiger Stoss, Erzittern dauerte 3—5 Secunden. Richtung von N. nach S.; freistehende Personen suchten unwillkürlich Stützen. — Wolfsbach. — Saifnitz, 8ʰ 57ᵐ (Prager Zeit) Früh; erster Stoss senkrecht von unten nach aufwärts, hierauf eine Schwingung von NNO. nach SSW. und zurück; die Erschütterung war heftig, dauerte 3, Max. 5 Secunden; leichte Gegenstände geriethen ins Schwanken. Himmel trüb und regnerisch. Barometer fiel während der Nacht von 697·3ᵐᵐ auf 695·3ᵐᵐ. Thermometer am Barometer +12° C. — Ober-Tarvis, circa 9ʰ Früh schwaches, wellenförmiges Erdbeben, Dauer beiläufig 3 Secunden. Richtung N.—S. Fensterklirren. Geräusch wurde keines vernommen. — Kaltwasser-Raibl, circa 9ʰ Vormittags, wellenartige Bewegung von 2 Secunden Dauer, Richtung N.—S, oder O.—W. Möbel schaukelten, Gläser klirrten, ein Brett fiel vom Dache. — Predil-Thörl, circa 9ʰ Früh, schwaches Erdbeben, Fenster klirrten, Dauer circa 3—4 Secunden. — Luggau (Lessach Thal), circa 9ʰ Vormittags, bedeutende Erschütterung von beiläufig 10 Secunden Dauer, Richtung NW.—SO. — Plerken, schwaches Beben, von Geräusch begleitet, Felsstücke stürzten ab. — Goderschach, Möbel schwankten. — Rattendorf, circa 9¹⁄₂ Vormittags, ein kurzer Stoss, Fenster klirrten. — Tröppolach, circa 9ʰ 5ᵐ Früh, Dauer sehr kurz, Fenster klirrten, weder ein Schwingen noch Rücken der Gegenstände beobachtet.

Guggenberg, um 9ʰ 15ᵐ, eine wellenförmige Bewegung von donnerähnlichem Getöse begleitet. Fenster klirrten, Gläser schlugen aneinander, leichte Gegenstände drohten umzufallen, schlafende Kinder erwachten, Menschen verliessen entsetzt die Kirche; in einigen Häusern nicht gefühlt. — Mitschig, zwischen 9 und 10ʰ Vormittags, zwei heftige und ein gelinderer wellenförmiger Stoss. Richtung SW.—NO., von einem brausenden Geräusche begleitet. Möbel schwankten, Gläser schlugen an. — Egg, circa 9¹⁄₂ mehr stoss- als wellenförmige Erderschütterung, begleitet von einem kurz andauernden, donnerähnlichen Geräusche. Richtung NW.—SO. — Hermagor, 9ʰ 4ᵐ 35ˢ (Wiener Zeit) Früh, drei nicht scharf abgegrenzte Stösse, worunter der zweite schwächer war. Richtung O.—W., Dauer 3—4 Secunden, von donnerähnlichem Geräusche begleitet; die Boussole des Telegrafen-Apparates schlug bis 20° aus. — Möschach (Gitsch-Thal), um circa 9ʰ Vorm. eine wellenförmige Bewegung ohne Geräusch. — St. Lorenzen (Gitsch-Thal), 8ʰ 53ᵐ Früh, heftiges Zittern der Fenster, dann wellenförmige Bewegung des Zimmerbodens, u. z. von W. nach O.; von donnerähnlichem Geräusche begleitet. Im freien Felde wurde die Erschütterung nicht bemerkt. — Weissbriach, circa 8ʰ 45ᵐ, zwei schwache Erdbewegungen zwischen beiden ein Intervall von einer Minute; Dauer jeder Bewegung 3—4 Secunden. Richtung N.—S., die Fenster klirrten wenig.

Krain: Weissenfels, 9¹⁄₂ Vormittags, ziemlich heftiges, stossförmiges Erdbeben. Richtung SW.—NO.

Venetien: Gemona, 8ʰ 56ᵐ 50ˢ (römische Zeit) Früh, Dauer 4—5 Secunden. — Resia, 8ʰ 58ᵐ (römische Zeit), Richtung S.—N. — Raccolana, 8ʰ 57ᵐ (römische Zeit), Dauer 5 Secunden. Richtung S.—N.

---

[1] Über dieses Beben und jenes am 28. October habe ich die Materialien gesammelt und in der Carinthia (1877) veröffentlicht; bezüglich der Einsender der Mittheilungen verweise ich auf die genannte Quelle. Zur besseren Orientirung ist eine Karte (Taf. III) beigefügt.

5*

— **Moggio**, 8ʰ 56—57ᵐ (römische Zeit), Dauer 4—5 Secunden. Richtung nach einer leicht bewegten Wanduhr mit N.—S. bestimmt. — **Oberes Carnia-Thal**, spec. **Paluzza**. — **Unteres Carnia-Thal**, Richtung SW.—NO. — **Chiusa Forte** und das ganze **Fella-Thal**, circa 9ʰ Früh, leichter Erdstoss; mehr wellenförmig als stossend, Dauer circa 2 Secunden. — **Pontebba**, 4—5 Secunden Dauer.

Negative Berichte liefen aus Kärnten ein, von Unter-Tarvis, Goggau, Villach, Rubland, Arnoldstein. Görlach, St. Stefan (Gail-Thal), Vorderberg, Görtschach, Waidegg, Kirchbach, Reisach, Dellach (Gail-Thal), Waidenburg, Kronhofergraben, Würmlach, Mauthen, Kötschach und St. Lorenzen (Lesach-Thal). — Von Görz: Tolmein, Flitsch. — Von Venetien: Udine, Tolmezzo.

23. October. **Knin** (Dalmatien), 4ʰ 22ᵐ Früh.

28. October. **Pontafel**, 7ʰ 42ᵐ 30—33ˢᵉᶜ (Wiener Zeit), drei Erdstösse, dauerten ganz kurz. Richtung SW.—NO. und zurück; Erdbeben viel schwächer als am 22. October. — **Rosskofel**, 7ʰ 43—44ᵐ (Wiener Zeit). — **Leopoldskirchen**, gegen 8ʰ Früh, schwaches Erdbeben mit unterirdischem donnerähnlichem Geräusche; Einige wollen schon einige Stunden früher ein Erdbeben gefühlt haben. — **Lusnitz**. — **Malborghet**, circa 8ʰ Früh, unterirdisches Rollen ohne Erdbeben.

Görz: Predil und **Trenta**, schwache Erderschütterung.

Krain: Weissenfels, 4ʰ Nachmittags.(?)

Negative Berichte von Kärnten: Uggowitz, Saifnitz, Raibl, Tarvis, Thörl, Goggau, Arnoldstein und das ganze Gail-Thal. — Von Görz: Tolmein, Flitsch. — Venetien: Resia- und Raccolana-Thal.

1877.

20. Jänner. **St. Leonhard** (Lavant-Thal), Richtung NO.—SW. Möbel kamen ins Schwanken, Fenster und Gläser klirrten, von einem polternden Geräusche begleitet. Barometer 710·6ᵐᵐ, Temperatur + 1° C. (Klagenf. Ztg. Nr. 19, citirt Neue Freie Presse.)

25. Jänner.[1] **Pontafel**, 3ʰ 53ᵐ 31ˢᵉᶜ (Wiener Zeit) Nachmittags, sehr starker Stoss von unten nach oben; Getöse, als wenn in der Nähe eine Mine explodirt wäre; 4ʰ 18ᵐ 1ˢᵉᶜ (Wiener Zeit) Nachmittags, abermals Erdbeben, und zwar mehrere heftige Stösse. Richtung SW.—NO. Dauer 3—4 Secunden; von donnerähnlichem Geräusche begleitet. Fast alle Bewohner verliessen entsetzt ihre Wohnungen. — Negative Nachrichten von Villach und Tarvis.

Venetien: Moggio, erster Stoss um 3ʰ 38ᵐ 30ˢᵉᶜ (römische Zeit) Nachmittags, zweiter Stoss gleichzeitig mit Pontafel. — **Tolmezzo**, erster Stoss schwach, zweiter Stoss um 3ʰ 37ᵐ (römische Zeit) Nachmittags, Dauer 3—4 Secunden. Richtung SW.—NO. (?), von donnerähnlichem Geräusche begleitet. — Negative Berichte von Gemona, Udine, Venedig.

26. Jänner. **Pontafel**, 10ʰ 37ᵐ Abends (Car., S. 95), nach Anderen um 11ʰ Abends. Richtung W.—O.

27. Jänner. **Pontafel**, 4ʰ Früh, Richtung W.—O. Diese Beben wurden nur von wenigen Personen beobachtet.

4. April. Gegen 9ʰ Abends fand ein ausgedehntes Erdbeben[2] statt, welches in Untersteier und dem anstossenden Theile Krains Mauerrisse bewirkte, bis Klagenfurt und Graz gefühlt wurde, und einem grossen Theil Krains und Croatiens erschütterte. — **Unterdrauburg** (Bahnhof), 8ʰ 43ᵐ (Prager Zeit), wellenförmiges Erdbeben, drei Stösse, Dauer 3—4 Sec. Richtung SW.—NO. Glasgeschirre und Kästen schwankten stark. Geräusch wurde keines wahrgenommen. — **St. Paul**, zwei Stösse, jeder von 1 Sec. Dauer. Richtung NW.—SO. **Wolfsberg** sehr schwaches Beben. — **Kamp** (Lavant-Thal). — **Hüttenberg**, negativer Bericht. — **Eberstein** und **Brückl** deutlich gefühlt. — **Völkermarkt**, ²₄9ʰ Abends, zwei sehr heftige Stösse. Richtung W.—O. — **Klagenfurt**, sehr schwach und nur von wenigen Personen, insbesondere im westlichen Stadttheile beobachtet;

---

[1] Die Nachrichten über die drei Beben am 25., 26. und 27. Jänner verdanke ich der Güte des Herrn k. k. Post- und Telegraphenbeamten Joh. Sablatnig in Pontafel.

[2] Die hier mitgetheilten Beobachtungen verdanke ich der gütigen Mittheilung verschiedener Personen; nur Kamp und St. Paul ist dem Meteorol. Monatsber. entnommen.

leichtes Schwanken der Gegenstände, ein rollendes Geräusch begleitete die Erschütterung. — Weidisch, negativer Bericht. — Kühnsdorf (Bahnhof), 8ʰ 51ᵐ (Prager Zeit), heftig verspürt, 3 oder 4 Stösse, Dauer 6 Sec., Lampen und Gläser geriethen in's Schwanken. — Eberndorf, 8ʰ 55ᵐ, zwei rasch aufeinander folgende heftige Stösse. — Eisenkappel, 8ʰ 49ʰ 50ᵐ˙˙ (Wiener Zeit) Abends, zwei heftige Stösse, Dauer 10 Secunden. Richtung W.—O., gleichzeitig schwaches Getöse, ähnlich dem eines fahrenden Fuhrwagens; Gläser klirrten. — Bleiburg (Bahnhof), ²„9ʰ, Richtung NW.—SO. Stehlampen drohten umzufallen. — Prevali (Bahnhof), erster sehr starker Stoss, 8ʰ 48ᵐ (Prager Zeit). — Liescha, 8ʰ 47ᵐ 36ᵐˢ˙ (Prager Zeit), zwei Stösse von je 1 Secunde Dauer und 1 Secunde Intervall; kurz zuvor ein dumpfes Geräusch gleich dem eines schnell fahrenden Wagens; leichte Gegenstände schwankten. — Miss (Bergverwalterswohnung), 8ʰ 47ᵐ (Prager Zeit) Abends, Erdbeben, zwei Stösse, wovon der erste etwas stärker war; von einem sturmwindartigen, stossweisen Getöse von 5 Secunden Dauer begleitet; Richtung W.—O. Die Bewegung war nicht wellenförmig, sondern gleich einem von unten kommenden Stosse; Fenster klirrten. — Dorf Miss und Schwarzenbach, nur in je einem Hause gefühlt worden; von Miss gibt die Klagenf. Ztg. (Nr. 77) an: 9ʰ 5ᵐ Abends ziemlich starkes Erdbeben, 3—4 Secunden Dauer, Richtung NW.—SO.

8. Juli. Tiffen (bei Feldkirchen) nach 10ʰ Abends, leichtes Zittern beweglicher Gegenstände, Klirren der nahe stehenden Gläser. (Klagenf. Ztg. Nr. 158.)

29. September. Neumarkt (Obersteier) ¹/₂2ʰ Nachmittags, heftige Erderschütterung. Die Stösse wiederholten sich um 3ʰ Nachmittags, ¹/₂8ʰ Abends, 11ʰ Nachts und am

30. September, um 1ʰ nach Mitternacht und 5ʰ Früh; auch wurde ein unterirdisches Rollen wahrgenommen.

2. December. Neumarkt (Obersteier), 7ʰ Abends, heftige Erderschütterung von N. her. (Min. Mitth. 1878, S. 124.)

27. December. Judenburg (Steiermark), 10ʰ 6ᵐ Vormittags; sehr stark in Neumarkt (Steiermark). (Min. Mitth. 1878, S. 127.)

28. December. 4ʰ 32ᵐ Morgens in Judenburg und Neumarkt, Erdbeben, im letzteren Orte stärker, so dass Mauern Risse bekamen. (Min. Mitth. 1878, S. 127.)

Quellenkritik.

1. 792. Nach einem Vergleiche der Texte Megiser's und Valvasor's kann als bestimmt angenommen werden, dass letzterer aus Megiser schöpfte; dieser ist jedoch eine unverlässliche Quelle; er gibt uns für dieses Erdbeben kein directes Citat und beruft sich am Schlusse des Capitels auf: Ammonius Sallassus, Eginhardus und ein Kärndterisches Verzeichniss.

2. Muchar citirt: Chron. Salzb. apud Pez I. — Saalb. von Admont, III, p. 35. Anno 1201 und gibt hiervon den lateinischen Wortlaut, der in unserer Erdbebenchronik in deutscher Übersetzung wiedergegeben ist. — Megiser gibt vom Jahre 1204 folgenden Bericht: „Es entstand ein grosses Erdbidem, warff Häuser, gantze Städt und Schlösser umb, wehret an etlichen orten, sonderlich in Lungaw (ist eine Gegend in Ober-Kärndten, in welchem strich das Ertzstifft Salzburg viel Güter hatt), wol in die sechs Monat aneinander und musten die Leute unter den Wolken und under dem blossen Himmel sich auffenthalten (p. 843).

Es kann wohl bei der Übereinstimmung zwischen der in der Chronik gegebenen Mittheilung Muchar's und der bevorstehenden Megiser's keinem Zweifel unterliegen, dass letzterer das durch gute Quellen erhärtete Beben von 1201 gemeint hat. Dabei begeht er noch den Fehler, dass er Lungau (im Salzburgischen) Kärnten einverleibt.

Reichart (p. 179) beging mit Megiser, welchem er, wie dies aus der ganzen Textirung dieser Stelle hervorgeht, im guten Glauben nachschrieb, denselben Fehler in der Jahreszahl, auch er rechnet Lungau zu Ober-Kärnten.

3. Bezüglich des Tages, an welchem das Villacher Erdbeben stattgefunden hat, kann kein Zweifel herrschen, obzwar vereinzelt irrthümlich auch andere Tage genannt werden; denn alle maassgebenden Chronisten nennen als Tag „in conversione sancti Pauli," also den 25. Jänner; ein Gleiches gilt vom Jahre 1348. Diese Zeitangabe findet man in **Michaelis de Leone** Chronici Herbipolensis, abgedruckt in Böhmer, p. 473. (Michael starb am 3. Jänner 1355); Johannes Victoriensis, welcher eine Chronik im Jahre 1372 schrieb, abgedruckt in Böhmer, p. 145; das im Jahre 1377 geschriebene Manuscript: Incipit liber naturis rerum etc. fol. 38; ferner Rubeis (p. 42), Chron. Zvetl. ap. Rauch, II, p. 324 u. v. A.

Also alle älteren Chroniken und Urkunden, und insbesondere jene, deren Autoren zu jener Zeit lebten und schrieben, geben übereinstimmend als Zeit des Bebens den 25. Jänner 1348, gegen Abend oder zur Vesperzeit an". Es muss somit die Angabe Valvasor's (Krain, XV, p.321), das Beben habe 1340 stattgefunden, trotzdem er selbst erwähnt, dass ein uraltes Buch in Reiffnitz und die Kirchenaufschrift in Villach das Jahr 1348 angeben, als vollständig unrichtig gelten, um so mehr, da er gar keine Quelle zur Begründung citiren kann und sich bloss darauf stützt, dass das Baseler Erdbeben später als das Villacher stattgefunden habe, ohne jedoch diese Angabe historisch zu erhärten. Bei der Beschreibung der Burgen Kärntens führt jedoch Valvasor manchmal das Erbeben unter 1348 an.

Ainether gibt in seiner Arnoldsteiner Chronik die Jahreszahl 1359 an, die jedoch von einer späteren Hand in 1348 verwandelt wurde. Jener Irrthum lässt sich am schlagendsten durch Michaelis de Leone nachweisen, welcher 1355 starb, ferner stammt der Villacher Revers, in welchem bereits von den Zerstörungen durch das Erdbeben die Rede ist, aus dem Jahre 1351. In Geschichtswerken über Tirol begegnet man häufig die Jahreszahl 1344; dieser Irrthum scheint uns Goswin's Chronik von Marienberg zu stammen, welche jedoch ausdrücklich erwähnt, dass man in Kärnten noch die Gräuel der Verwüstung sehen kann. Die alte „Tirolische Chronik" welche wir im Texte citirten, sagt jedoch richtig 1348.

Die Stosszeit, 4 Uhr Abends entnahm ich aus verschiedenen Quellen, während Giorgio Piloni für Venedig 5h Abends angibt, auch in jüngeren compilatorischen Arbeiten wird sogar der Morgen als Zeit des Bebens angegeben, während doch alle älteren Chronisten übereinstimmend von der „Vesperzeit" erzählen.

Michaelis de Leone sagt über die Zerstörungen, die das Erdbeben bewirkte und über dessen Ausdehnung: — — „quod hinc inde, et praecipue in partibus Karinthiae et maritimis multe municiones et domus.

Johannes von Victring ist noch kürzer.

Die älteste Nachricht von der Zerstörung Villachs, vom dem Einsturze der Villacher-Alpe (,,vielen die münster nider und die hewser und etwa ein perg auf den andern"), ferner von der Ausdehnung der Erschütterung bis über „die Tmaw in Marchen", „in payrn und uber Regensdurch", über die Dauer des Bebens „und weit mehr dan virtzig tag. also daz nach dem ersten je am chlainer cham. darnach über etswie viel tag. oder wochen" erfahren wir aus „Incipit liber —" fol. 38.

Die meisten nachfolgenden Chronisten sprachen immer davon, dass in Kärnten durch das Erdbeben ein Berg über den anderen gefallen sei; so auch Rubeis (Anhang, p. 42), welcher jedoch ausführlich die Zerstörungen Villachs schildert. Erst Ainether's Arnoldsteiner Chronik bezeichnet den Einsturz der Villacher-Alpe genauer, u. z. „Auf S. Pauli Bekehrungstag ist der Berg vor dem stift gegen über mitternacht durch ein Erdbeben zerspaltet herunter gefallen, 17 Dörfer etc." Hierin wird auch der durch die Schütt bewirkten Stauung Erwähnung gethan. Die von der Schütt begrabenen Orte haben wir bereits in der Erdbeben Chronik erwähnt. Die darin genannten Orte, St. Johann und Pragg werden bereits im Jahre 1169, letzteres als Weiler, in einer Urkunde erwähnt, von welcher der Geschichtsverein in Klagenfurt eine Copie (Nr. 387) bewahrt, (Arch. f. vaterl. Gesch., II, p. 130). Ferner verlegte im Jahre 1365 der Patriarch Ludovicus von Aquileja die frühere Pfarre St. Johann nach St. Georgen vor dem Bleiberg. (Arch. f. vaterl. Gesch., VII, p. 65.) Ferner lässt sich die frühere Existenz von Lienburg (Lemburg, auch Leinburg) in der Nähe des jetzigen Wasserleonburg, aus einer vom 16. September 1346 datirten Bamberger Urkunde nachweisen, in welcher sich Wülfing von Ungnad um die Hälfte dieses Schlosses bewirbt. Eine Randglosse in diesem Gesuche, von fast gleichzeitiger Hand geschrieben, bemerkt hinzu: „Istud castrum submersum in terrae motu." (Carinth. 1829, S. 167.) Der Nachweis von der

Existenz der andern als verschüttet angegebenen Orte und Gehöfte war mir nicht möglich; vielleicht ist dies später möglich, falls das Arnoldsteiner Archiv, wie ich höre, dermalen ein Papierhaufe, geordnet sein wird. Die Zahl der zerstörten Ortschaften wird von den verschiedenen Chronisten überaus differirend angegeben; da dieselben nur die Ainether'sche Chronik benennt, so verdient ihre Zahlenangabe gewiss die meiste Berücksichtigung. Häufig begegnet man der Angabe, dass 27 Ortschaften — wovon wohl der grösste Theil nur vereinzelt stehende Weiler waren — zerstört wurden; da wurden wohl die 17 verschütteten und 10 überschwemmten Localitäten zusammengezogen.

Die Zerstörung von Wildenstein geben an Unrest (S. 530), Kärntner-Chronik und Weiss (S. 161).

Bezüglich der durch das Erdbeben bewirkten Versteinerungen von Menschen und Thieren berufen sich fast alle auf dieselbe Quelle, auf Conrad von Weidenburg's Beschreibung; so z. B. Valvasor (Krain, XV, S.321), welcher sich auch abmüht, hiefür verschiedene Erklärungen zu geben, ferner Incipit liber (S. 38) und Arzney-Buch (S. 10).

Die Dauer wird mit 40 Tagen angegeben in Incipit liber (S. 38) von Rubeis, Reichart, Pilgram, Hoff u. v. A.

Bezüglich der Verbreitung des Erdbebens verweise ich vornehmlich auf Pilgram und Volger, welche auch sehr viele und werthvolle Quellenwerke citiren, die mir nicht zugänglich waren. Tomaschek erwähnt auch Mähren (Carinth. 1863, S. 31); dahin ist wohl zweifelsohne die früher citirte Stelle: bis über die „Tunaw in Marchen" zu denten.

Es möge mir verziehen sein, wenn ich nicht alle jene Beschreibungen, darunter poesie- und phantasievolle, wiedergebe oder citire, die sich in vielen jüngeren Chroniken und insbesondere in der Carinthia vorfinden. Es sei nur bemerkt, dass Megiser, eine der unverlässlichsten Kärntner Quellen, dies Erdbeben von 1348 gar nicht erwähnt.

4. Diese Nachricht, von welcher es fraglich ist, ob sie sich speciell auf Kärnten bezieht, wird von keiner heimischen Quelle bestätigt. Auch in allen mir zur Verfügung stehenden Erdbeben-Chroniken finde ich weder von den österreichischen Alpenländern, noch der Schweiz oder Süd-Deutschland eine Erderschütterung erwähnt. Die Glaubwürdigkeit dieser Randglosse bedarf also noch weiterer Unterstützung.

5. Über dieses Beben existiren verschiedene Zeitangaben; Valvasor (Krain, XI, p. 714) verlegt es in das Jahr 1509, bemerkt hiezu, dass es möglich sei, dass auch 1511 ein zweites Erdbeben stattgefunden habe; auch Pilgram (S. 286) gibt es unter 1509 an; Dimitz, welcher sich auf Radics beruft, sagt 1510, obzwar seine citirte Quelle 1511 angibt. Megiser verlegt durch einen Schreibfehler dieses Beben in das Jahr 1571, welcher Irrthum bei Reichhart (S. 334), Valvasor (Kärnten, S. 22 und 99) und bei vielen anderen, auch neueren Geschichtschreibern wiederkehrt. Diese Jahreszahl ist ganz gewiss unrichtig; denn während Khepitz um diese Zeit alle einzelnen Begebenheiten Klagenfurts (Schützenfeste etc. etc.) bis in das kleinste Detail beschreibt, erwähnt er gar nichts von einem Erdbeben, welches nach Megiser doch so bedeutende Zerstörungen anrichtete; wohl jedoch beginnt Khepitz seine Reim-Chronik mit dem Beben im Jahre 1511. Dass beide dieselbe Erderschütterung meinen, geht aus der übereinstimmenden Zeitbestimmung „St. Rupprechts-Abend" hervor.

Dass mit Letzterem nur der 27. März, und nicht wie Megiser und ihm nachfolgend Valvasor (Kärnten, S. 22 und 99) will, der 24. September gemeint ist, geht aus dem hervor, dass das St. Pauler Archiv unter d. J. 1511 sagt: „Innerhalb der Woche von Okuli[1] sind Burgen, Thürme und Gebäude durch ein Erdbeben eingestürzt; hingegen"[2] wird uns dem Jahre 1571 kein Erdbeben notirt. — Auch Rohrmeister sagt: „Erdbidem ist also erschröcklich allhier am Fest s. Ruperti" (ebenfalls am 27. März) „entstanden von dergleichen man mit gelesen hat anno 1511".

---

[1] Der Sonntag Oculi fiel 1511 am 23. März. Pilgram, Cal. S. 118.

[2] Ich verdanke diese wortgetreue Übersetzung des Urtextes Herrn P. Beda Schroll, der die Güte hatte, auf meine Bitte das Archiv des Benedictiner Klosters St. Paul nach Erdbebennachrichten zu durchsuchen.

Es kann, wie dies weiter unten auch aus Krainer Quellen nachgewiesen werden wird, keinem Zweifel unterliegen, dass dieses Erdbeben gewiss im Jahre 1511, u. zw. in Kärnten ziemlich sicher am 27. März, jedenfalls innerhalb der Zeit vom 23. bis 29. März stattfand. Der Grund, weshalb ich noch einen gelinden Zweifel in das Datum setze, liegt in Krainer Quellen.

Die Gedenktafeln in Lack und Auersperg („nachmals durch den Erdpüdem im Jahre 1511 zerschüttet")[1] bestätigen die Jahreszahl 1511, ebenso Egkh; doch letzterer sagt, dass in Laibach und Umgebung der erste Stoss, welcher in der Stadt mehrere Gebäude zerstörte, „am mitwoch nach unser lieben frawen tag annuncia- tione den XXVI. tag obernents monats (März) zwischen dreyen und vier üren gewest nach mittag" erfolgte. Für den zweiten Stoss, welcher in Krain, Triest etc. so grossartige Verwüstungen bewirkte, nennt Egkh den „XXVI tag martij ist am Freyttag darnach gewest zwischen vier aud fünff". Da liegt nnn jedenfalls ein Irrthum vor; indem er für Mittwoch und Freitag denselben Datum angibt; der Freitag fällt nach Pilgram's Cal. (S. 118) auf den 28. März, von welchem Tage Egkh's Brief datirt ist; es ist also wahrscheinlich, dass er mit seinen Zeitbestimmungen etwas arg confus wurde und dass er für den zweiten Stoss den 27. März gemeint haben dürfte, von welchem Tage, wie früher erwähnt wurde, Kheplitz ein starkes Erdbeben in Klagenfurt meldet. Es ist schwer zu entscheiden, welcher der beiden Quellen man das grössere Gewicht beilegen soll.

6. Megiser (S. 1567), nachdem er von dem Erdbeben 1571 (recte 1511) gesprochen hat, sagt dann: „Dieses Erdbidem hat sich im folgenden 1572. Jahr wider gar sehr erreget . . . ." Ob hier 1572 oder 1512 gemeint ist, und in wiefern die ganze Mittheilung Glauben verdient, kann nicht entschieden werden, da Megiser die einzige Quelle ist, abgesehen von seinen gläubigen Nachschreibern.

7. Jabornegg gibt den 13. Juni an, hingegen Hermann und Car. den 10. — Es dürfte sich Ersterer geirrt haben, wie ihm derartige Fälle später noch mehrmals nachgewiesen werden können.

8. Es kann mit Recht vermuthet werden, dass sich Jabornegg, dessen Quellen aus dieser Zeit ich nicht auffinden konnte, irrte, so dass auch in Kärnten das Beben am 25. October gefühlt wurde. — Laibach wird weder von Mitteis, noch von Dimitz als zu dieser Zeit erschüttert angegeben.

9. Es muss auffallen, dass auch im nächsten Jahre (1816) an demselben Tag ein Erdbeben in Friesach verspürt wurde; sollte da nicht etwa ein Irrthum vorliegen?

10. Die von Jabornegg und Benedict et Hermanitz für Friesach angegebenen Zeiten stimmen ganz genau mit jenen von Judenburg überein; von letzterem Orte sind ausführliche Correspondenzen in der Klagenf. Ztg., woran die erste über die Beben am 31. März und 1. April berichtend, in Klammern eingeschaltet, folgende Notiz enthält: „Auch in Friesach und Gegend verspürte man an beiden Tagen um dieselbe Zeit eine dreimalige, bedeutende Erderschütterung"; es kann nicht gezweifelt werden, dass die Erstgenannten die Stundenangaben Judenburgs auf Friesach übertrugen.

11. v. Jabornegg, welcher augenscheinlich seine, dieses Beben betreffende Mittheilung nach der Klagenf. Ztg. verfasste, gibt irrthümlich den 18. April statt 18. Mai an; letzteres sagt ganz ausdrücklich der Correspondent von St. Leonhard.

12. v. Jabornegg nennt irrthümlich den 12. August; Beweis analog dem vorhergehenden.

13. Mitteis gibt für Laibach das Beben irrthümlich um 11ʰ 16ᵐ Nachts an; die Klagenf. Ztg., welche den Bericht der Laib. Ztg. reproducirt, sagt 1ʰ 16ᵐ Nachmittag, womit auch die Kärntner Zeitangaben genügend übereinstimmen.

14. v. Jabornegg gibt irrthümlich den 9. December an; er hat unstreitig aus der Klagenf. Ztg. geschöpft, welche den 8. December nennt.

15. v. Jabornegg verlegt irrthümlicher Weise dieses Beben auf den 17. April.

16. Boué verlegt durch einen Schreibfehler das bekannte Villacher Erdbeben von 1348 auf 1848.

---

[1] Valvasor, Krain, XI, S. 24.
[2] Nach der mir vorliegenden Abschrift des Briefes von Liechtenstein hingegen gibt Radics, ebenfalls nach Egkh's Brief, den 24. März an, widerspricht somit dem Kalender. (Pilgram, Cal. S. 118.)

17. Bezüglich des Jahres 1856 sind mehrere Schreibfehler zu constatiren, u. z. 7. Jänner. Tarvis. Dieses Beben, welches Boué allein angibt, gehört unter 1857. 26. Jänner und 18. März. Weissbriach. Im Klima Kärntens gibt Prettner durch einen Druckfehler „1856" an; in seinen im Kärntner Landesmuseum aufbewahrten Manuscripten ist jedoch deutlich 1856 zu lesen, womit auch alle übrigen Beobachtungen im Lande übereinstimmen.

9. Februar. Klagenfurt. Dieses Beben wird nur von Jabornegg erwähnt, alle anderen Quellen schweigen. Am gleichen Tage, jedoch 1857, wird in der Klagenf. Ztg. ein leichtes Erdbeben gemeldet, welches auch Jabornegg in seine Chronik aufnahm; trotzdem glaube ich die Angabe 1856 anzuzweifeln zu müssen.

18. Jabornegg allein gibt vom 7. Mai und 10. October 1857 leichte Erderschütterungen zu St. Jacob im Rosen-Thale an; hingegen veröffentlicht Prettner in den Meteor. Monatsber. an denselben beiden Tagen, doch im Jahre 1858, leichte Erdbeben von St. Jacob im Lessach-Thale. Da die letztere Nachricht mit Rücksicht darauf, dass sie einem Monatsbulletin entstammt, bezüglich der Jahreszahl nicht angezweifelt werden kann, so scheinen mir die Zweifel an der Richtigkeit der Angabe Jabornegg's gerechtfertigt, wenn auch dieser von St. Jacob im Rosen-Thale, jener von St. Jacob im Lessach-Thale berichtet.

19. Professor Hoffmann in Klagenfurt wurde von der hohen k. k. Landesregierung gegen Ende dieser in Rede stehenden Erdbebenperiode nach Rosegg behufs wissenschaftlicher Beobachtungen dieses Phänomens entsendet; sein hierüber abgestatteter Bericht liegt mir ebenfalls vor. Seine aufgestellten Hypothesen können füglich ganz übergangen werden; doch er erwähnt auch ein am 7. März 1858 in Rosegg beobachtetes Erdbeben, welches in den amtlichen Berichten vorkomme; doch diese schildern wohl das Beben am 7. März 1857, und Professor Hoffmann conform diesen, doch erwähnen sie mit keinem Worte, dass an diesem Tage des Jahres 1858 eine Erschütterung in Rosegg beobachtet worden wäre. Es liegt hier somit unzweifelhaft eine Irrung Professor Hoffmann's in der Jahreszahl vor.

20. Wird von Prettner nur in dessen Klima Kärntens erwähnt, fehlt jedoch in den Meteor. Monatsber., weshalb ich die Angabe sehr zweifelhaft finde.

21. Prettner gibt in seinem Klima Kärntens von St. Jacob (Lessach-Thal) ein Erdbeben am 13. September 1859 an, schweigt jedoch von jenem am gleichen Tage im Jahre 1860, welches er in seinem Meteor. Monatsber. anführt, während in diesem unter dem genannten Tage doch im Jahre 1859 kein Erdbeben vorgemerkt ist. Es liegt hiemit unzweifelhaft ein Schreibfehler vor.

22. Jabornegg gibt vom Bad Vellach ein Erdbeben am 10. Jänner an, schweigt jedoch von jenem am 16. Jänner. Jedenfalls liegt hier eine Irrung vor. Ich glaube, dass in diesem Falle Prettner die verlässlichere Quelle ist, da in Vellach eine meteorologische Station war und ist, von welcher die Berichte zugesendet erhielt.

23. Kötschach. Boué « verlegt dieses Beben irriger Weise auf den 7. Mai. — Der auszugsweise mitgetheilte Bericht in der Klagenf. Ztg. verlegt dieses Beben auf den 26. Mai, bemerkt jedoch dazu, dass gleichzeitig das Drau-Thal und Tirol erschüttert wurde; doch alle Berichte von hier geben das Beben am 27. Mai an, auch das nachbarliche Hermagor, wesshalb, und mit Rücksicht darauf, dass der Bericht erst am 6. Juni verfasst wurde, eine Irrung vorausgesetzt werden kann und muss. In dieser Auffassung werden wir um so mehr bestärkt, da der Berichterstatter mittheilt, dass schon am Vortage (26. Mai, er sagt 25. Mai) von Einigen Abends 5½ h ein schwaches Beben verspürt wurde; vergleicht man damit diese Zeitangaben Boué's, wie sie in der Erdbebenchronik eingeschaltet sind, so wird auch der letzte Zweifel, der Berichterstatter war in seiner Zeitrechnung um einen Tag zurück, behoben.

24. In der Zeitschrift f. Meteor. wird als Stosszeit 4ʰ angegeben; eine Anfrage an den Verfasser dieser Notiz, Herrn Dechant Kohlmayer, berichtigte diese Zeitangabe auf 1ʰ 10ᵐ Mittags, womit jene in der Zeitschrift f. Kärnten übereinstimmt.

25. Prettner gibt von Saifnitz in den Meteor. Monatsber. 12, im Klima Kärntens 12. November an. Herr Dechant Ferónik hatte die Güte, mich in Folge einer diesbezüglichen Anfrage zu versichern, dass dies Schreibfehler sind, und dass im meteor. Journale nur ein Beben vom 13. October vorgemerkt ist.

26. Boué a verlegt das Erdbeben vom 26. December 1864 irriger Weise auf 1863; da dieselben Orte und Stosszeiten angeführt werden, so liegt die Verwechslung klar zu Tage.

27. Boué a gibt an diesem Tage ein in Ober-Kärnten und Windisch-Matrei gefühltes Erdbeben an; alle Angaben weisen jedoch darauf hin, dass Boué das am gleichen Tage, jedoch im Jahre 1867 stattgefundene Beben meint.

28. Boué a verlegt das Erdbeben, welches am 25. Mai 1867 in Bleiburg (nicht Bleiborg), Schwarzenbach und St. Michael stattfand, um ein Jahr früher. Das am 13. October 1863 in Tarvis gefühlte Erdbeben gibt Boué a im Jahre 1866 an, versieht jedoch die Jahreszahl mit einem ?.

29. Boué a sagt irrthümlich 26. Mai.

30. Der Meteor. Monatsber. gibt unter dem 11. Februar die drei genannten Stationen an; einer gütigen Mittheilung des Herrn Dechant Kohlmayer zu Folge ist im Journal zu Berg der 12. Februar eingetragen.

31. Bittner verlegt dieses Beben von Gmünd auf den 6. October; dies ist unstreitig ein Schreibfehler, ebenso die Angabe Prettner's für Sachsenburg im Meteor. Monatsber. mit 18. October, welche der Beobachter Herr k. k. Forstmeister Kamptner in Folge einer brieflichen Anfrage auf den 16. October richtig stellt.

32. Die drei Orte, welche in den drei aufeinander folgenden Stossungen angegeben werden, liegen sehr nahe aneinander; es ist demnach die Vermuthung sicherlich begründet, dass es sich hier nur um Ein Beben handelt. Prettner gibt in seinem Klima Kärntens für St. Peter den 16. December an, was mit seinem Meteor. Monatsber. im Widerspruche steht, folglich falsch ist. Fuchs (Neues Jahrb. f. Min. 1870) verlegt die Beben von Gmünd und Malteiu sogar auf den 22. December. Stur gibt in seinem Erdbeben von Klaus (Jahrb. der k. k. geol. R.-Anst. 1871) für alle diese Orte den 21. December an, weshalb ich diesen Tag für den richtigen halte, der in den späteren Studien beibehalten wird. Auch Ferdinand Dieffenbach erwähnt unter dem 21. December: Erdstoss in Kärnten.

33. In der Carinthia, S. 247, 1871 ist irriger Weise 24. August zu lesen; dieser Druckfehler ist in die Augen springend.

Die Stosslinien der Kärntner Beben.

In dem früher mitgetheilten Materiale ist eine stattliche Zahl, mit Rücksicht auf das kleine Land Kärnten, von Erdbebentagen verzeichnet. Nicht von jedem Beben wurden entsprechende Aufschreibungen erhalten, so dass sie geeignet wären, hierauf weitere seismologische Folgerungen zu bauen; sie haben dermalen vorwiegend nur statistischen Werth, können jedoch dann auch an weiterer Bedeutung gewinnen, wenn insbesondere von den übrigen Gebieten Mitteleuropas, von allen Nachbarländern Kärntens Erdbebenchroniken vorliegen werden.

Doch eine andere Zahl von Beben bietet dem Seismologen genügend Material, um hieraus berechtigte Schlüsse ziehen zu können; theils ist schon ein Beben an und für sich hierzu geeignet, theils ist es der Vergleich mehrerer, oft durch Jahrhunderte getrennter Erderschütterungen, welcher uns gewisse Thatsachen enthüllt, — eine Untersuchungsmethode, welche bekanntlich E. Suess mit so grossem Erfolge anbahnte und durchführte.

In den nachfolgenden Erörterungen, welche das früher mitgetheilte geschichtliche Materiale als bekannt voraussetzen, sollen mehrere der hervorragenderen Erdbeben Kärntens näher untersucht werden. (Hiezu Taf. I.)

25. Jänner 1348.

Schon seit geraumer Zeit wurde dieser gewaltigen Erderschütterung, einer der grössten Europa's im Mittelalter, ein besonderes Interesse entgegengebracht; in neuester Zeit waren es insbesondere E. Suess und R. Hoernes, welche auf dieses Beben verwiesen und zu interessanten Schlüssen gelangten, welche weiter unten besprochen werden sollen.

Aus dem historischen Materiale geht hervor, dass durch das Erdbeben die grössten Zerstörungen in Villach, welches auf einer Diluvialterrasse steht, angerichtet wurden. Ein grosser Theil der verheerenden Wirkungen, welche sich am Südfusse der Villacher Alpe (Dobratsch) abspielten, sind auf die Schuttmassen zurückzuführen, welche von bedeutender Höhe über steiles Gelände herabstürzten. Trotzdem muss als Ursache dieses Bergsturzes, welcher auf einer Länge von fast einer deutschen Meile stattfand, und zu den grössten der ganzen Erde gezählt werden muss, eine höchst intensive Kraftäusserung vorausgesetzt werden, da wir es hier nicht mit einer ganz localen Abrutschung, durch Quellen u. s. f. verursacht, zu thun haben. Noch klarer wird uns das Bild, wenn wir bedenken, dass die Schichten auf dem steilen Südfusse des Dobratsch widersinnig, also in den Berg hinein verflächen, so dass auch ein Abrutschen längs einer diese Bewegung begünstigende Schicht nicht vorausgesetzt werden kann. Es fand hier zweifelsohne ein Abbrechen statt, das zwar durch die säcularen Wirkungen der Atmosphärilien im fördernden Sinne vorbereitet werden konnte, indem ein grosser Theil des Dobratsch aus einem fein zerklüfteten Dolomit besteht, wozu es jedoch vorwiegend einer phänomenalen, ausserordentlich gewaltigen Kraft bedurfte. Man will auch jetzt, südlich unter der Spitze des Berges, von einer steil stehenden Kluft wissen, die sich seit Menschengedenken erweitert; doch liegen keine Messungen vor, auch keine Beobachtungen, inwieweit dieses Klaffen der Verwitterung der Kluftwände zuzuschreiben ist. Würde hiedurch einmal eine Katastrophe bedingt, so würde eine Felspyramide wohl fast 1000 Meter hoch herabstürzen; doch es bliebe dies eine ganz partielle Erscheinung, welche gegenüber dem Bergsturze, im wahren Sinne des Wortes, von 1348 als unbedeutend bezeichnet werden müsste.

Dass menschliche Bauwerke am Südgelände der Villacher Alpe nicht blos durch den Felssturz, sondern auch durch das Beben selbst zerstört wurden, kann aus dem Einsturze der Burg Federaun gefolgert werden, welche nicht mehr von der sogenannten Schütt zerstört werden konnte.

Wenn man auch den Angaben Von end'n kein besonderes Gewicht beilegen darf, so geht doch daraus so viel hervor, dass auch auf dem Nordabhang der Villacher Alpe die dynamische Wirkung des Bebens eine bedeutende gewesen sein musste.

Alle Angaben verweisen uns darauf, dass der Focus, das Maximum der Intensität, in die Umgebung Villachs verlegt werden muss, dass somit das Erdbeben von 1348 mit vollstem Rechte nach dieser Stadt benannt wird.

Aus der Nähe Villachs liegen uns Nachrichten über grosse Zerstörungen vor, u. z. im NW. jene von Kellerberg bei Paternion, im N. jene von der Gerlitzen, im NO. jene vom Ossiacher See, Punkte, welche 1·5 bis 2 geogr. Meilen von Villach entfernt sind.

Aus diesen Angaben darf weder auf eine Stosslinie nach NW., noch nach N., noch nach NO. geschlossen werden, alle die genannten Orte gehören ebenso wie Federaun und Dobratsch in das pleistoseiste Gebiet.

Evident ausgesprochene Stosslinien sind:

1. Hollenburg, Wildenstein, Feiersperg; diese Schlösser, resp. ihre dermaligen Ruinen, liegen östlich von Villach, letzteres nahezu 10 Meilen entfernt. Zwischen Villach und Bleiburg, in dessen Nähe Feiersperg gelegen ist, findet man eine auffallende Depression, die besonders in der Richtung von W. nach O. an Dimension gewinnt und nach ihrem Mittelpunkte die Klagenfurter Depression genannt wird. Bei Villach ist die Triasformation, welche die Gebirgskette zwischen dem Drau- und Gail-Thale (Jauken-Dobratsch) zusammensetzt und deren südöstlicher Ausläufer die Villacher Alpe ist, plötzlich abgeschnitten; in ihrer östlichen Verlängerung über Klagenfurt etc. treten ältere Schiefergesteine zu Tage. Die Längsbruchlinie des Gail-Thales setzt durch ganz Kärnten fort und ist durch den Fuss der prall nach N. abfallenden Karawanken, in welchem die Triasschichten im Allgemeinen südlich verflächen, gekennzeichnet.

Die Triasformation tritt jedoch nördlich von Klagenfurt wieder zu Tage, z. B. am Ulrichsberge, bei Eberstein etc., und zwar mit nördlichem Einfallen; hieraus construirt sich für die Triasschichten oberhalb der von W. nach O. streichenden Klagenfurter Depression eine Antiklinale, ein Luftsattel, welcher die eigentliche Fortsetzung der Jauken-Dobratsch-Kette wäre. Doch diese Fortsetzung ist de facto nicht mehr vorhanden, statt ihr finden wir in der Klagenfurter Depression, abgesehen von känozoischen Bildungen, Phyllite, welche Schichten-störungen aller Art in reichlichstem Masse aufweisen. Es möge auch hier eingeschaltet sein, dass auch die Junken-Dobratsch-Kette bedeutende, von O. nach W. streichende, Meilen weit anhaltende Verwerfungen, Überschiebungen etc. aufweist. — An der Südseite der Klagenfurter Depression, also dem Nordfusse der Kara-wanken-Kette entsprechend, liegen Hollenburg und Wildenstein, während Feiersperg etwas nördlich von dieser geologisch und tektonisch wichtigen Grenzlinie liegt; diese repräsentirte sich im Jahre 1348 als eine aus-gesprochene Stosslinie, welcher auch Federaun und der Südabhang des Dobratsch angehört und nach letzterem benannt werden soll. Ihre weitere Verlängerung nach O., nach Unterstiermark, würde mit dem Laufe der Drau zusammenfallen; es wird auch von Joh. Victoriensis ein Erdbeben von Marburg vom 25. Jänner 1342 (1348?) erwähnt, welches diese Stadt arg zerstörte. Die Fortsetzung dieser Dobratsch-Linie nach W. durch das obere Gail-Thal lässt sich aus dem Erdbeben von 1348 nicht nachweisen.

2. Mark Tarvis, Gemona, Tolmezzo, Venzone, S. Daniele, Udine und Venedig. Schliesst man diese Orte ärgster Zerstörung durch eine geschlossene Curve ein, so ergibt sich für diese eine Mittellinie, welche 1·5 geogr. Meilen östlich von Venedig beginnt, 2·7 Meilen westlich von Udine den Tagliamento trifft, und im Grossen und Ganzen längs dessen Mittellauf weiter streicht; diese von SSW. nach NNO. gerichtete Stosslinie würde bei Pontafel nach Kärnten übertreten und unter einem wenig stumpfen Winkel das Gailthaler Gebirge verqueren, daselbst mit allgemein bekannten, gewaltigen Störungen im Schichtenbaue (Umgebung der Ofenalpe) zusammenfallen und dann im Gail-Thale die westliche Verlängerung der Dobratsch-Linie treffen. Wir können sie Tagliamento-Linie nennen, welche von Venedig bis Pontafel eine Länge von 19 geogr. Meilen besitzt; ihr Verlauf entspricht, wie früher erwähnt, am besten der Vertheilung jener Orte Venetiens, welche durch das Erdbeben als besonders zerstört angegeben werden.

Sehr beachtenswerth bleibt das Aufleuchten der Intensität, und zwar im grossartigen Style, in Schwaben und im nördlichen Theile Baierns (Bamberg), obzwar uns von den Gebieten zwischen hier und Villach keine Nachrichten von grösseren Verwüstungen vorliegen, so dass es füglich gewagt wäre, auf Basis dieser That-sache allein, Villach mit dem schwäbischen Intensitätscentrum durch eine Stosslinie zu verbinden, ebenso wollen wir die in Tirol aufgetretenen Zerstörungen hier nicht eingehend berücksichtigen, da wir auf dieselben später zu sprechen kommen werden.

Die vorliegenden Angaben über das gesammte Schüttergebiet sind nicht derart detaillirt, dass es möglich wäre, dasselbe genau zu begrenzen; doch, zieht man mit einem Radius von 15 geogr. Meilen = 334^{km} einen Kreis, dessen Centrum Villach ist, so entspricht derselbe annähernd allen Angaben, abgesehen von jenen über Mittelitalien (Rom, Neapel), welche leider unzureichend sind, was mit Rücksicht auf das besondere Interesse, das ihnen beigelegt werden müsste, um so mehr zu bedauern ist. Daraus rechnet sich die Fläche des Schütter-gebietes mit 6.360 geogr. Quadratmeilen (350.200^{km}), welche Zahl uns einen beiläufigen Massstab von der Intensität dieses Bebens geben mag.

Nach dem Hauptstosse am 25. Jänner 1348 folgten, wie uns die Chronisten erzählen, noch durch 40 Tage also bis zum Beginne des Monates März viele kleine Beben; am 3. August 1349 wurde das Gebiet der Villacher Alpe abermals stärker erschüttert. Nach einer, wie es scheint, zehnjährigen Ruhe, traten in den Jahren 1359 und 1360 in diesem Gebirge abermals stärkere Erderschütterungen auf. Darnach folgte während einem und einhalb Jahrhundert Ruhe, kein stärkeres Beben verwüstete das Land, bis plötzlich im Jahre 1511 ein grosser Theil Krains und die nachbarlichen Provinzen von einer gewaltigen Erderschütterung heimgesucht wurden, welche bezüglich ihrer Intensität lebhaft an das Villacher Beben von 1348 mahnt, doch ihren Focus in Krain hatte.

Prof. R. Hoernes[1] hat in neuester Zeit eine Studie über „die Stosslinie des Villacher Erdbebens 1348 und ihre Fortsetzungen" veröffentlicht. Er kommt auf Basis der von Venetien vorliegenden Angaben zu dem Schlusse:

---

[1] Jahrbuch der k. k. geol. Reichsanstalt, 1878, S. 441—147.

„Wir dürfen wohl als Stosslinie dieses Erdbebens von 1348 eine von Venedig nach Villach gezogene Gerade betrachten. Die Erscheinungen, die von beiden Orten gemeldet werden, erlauben wohl nur den Schluss, dass Villach und Venedig beide dieser Linie sehr nahe liegen. Diese Linie würde dann das hauptsächlichste Zerstörungsgebiet in der Gegend von Udine zwischen diesem Punkte selbst, und S. Daniele durchschneiden und es scheint auch bemerkenswerth, dass sie die Höhe der Südalpen in jener Gegend verquert, welche so oft das Schauspiel kleiner seismischer Erscheinungen war. Die Stosslinie Venedig-Villach schneidet auch den See von Raibl. Von Raibl selbst, dann von dem nahegelegenen Flitsch, sowie von Tarvis sind nur zahlreiche kleine Erdbeben bekannt, welche mit dafür sprechen, in der Linie Venedig-Villach eine grosse Radialstosslinie zu sehen, die in wiederholten Malen, am fürchterlichsten aber im Jahre 1348 der Ausgangspunkt von Erschütterungen war. Ganz Ähnliches gilt für Villach. Dass der Stoss im Jahre 1348, welcher eine gewaltige Schichtauslösung am Dobratsch bewerkstelligte, in Villach auf der Radiallinie selbst mit grosser Gewalt sich bemerkbar machte, findet seine weitere Erläuterung in den zahlreichen Erdbeben, die seither in der Umgebung von Villach aufgetreten sind. — Wir können die Stosslinie von 1348 auch wohl über Villach hinaus in derselben Richtung verlängern und kommen dann zunächst zum Ossiacher See, an dessen Ufern gleichfalls nicht selten seismische Erscheinungen stattfanden (Erdbeben von 1857). — Weiterhin scheint sich unsere Stosslinie nach NO. mit der Mürzlinie zu verbinden, welche so oft Schauplatz bedeutender Erderschütterungen war. — Suess hat bereits die hinsichtlich der Mürzlinie geltenden Verhältnisse so eingehend erörtert, dass ich als Beleg der weiteren Ausführungen nur auf die Angaben in der Suess'schen Arbeit über die Erdbeben Niederösterreichs zu verweisen brauche. Suess hat daselbst die grosse Wahrscheinlichkeit des Zusammenhanges der seismischen Erscheinungen von Villach und der Mürzlinie, sowie der Linien der Thermen bei Wien ausgesprochen.“

„Die grossen Stösse von Villach oder Leoben pflanzen sich über den Semmering und Schottwien und weiter, wie es scheint, längs der Thermenlinie fort, sie langen oft mit merkbarer Stärke in Wien an. Wir werden sogleich diesen eigenthümlichen Zusammenhang etwas näher erörtern, und dann auch sehen, wie die Mürz-Linie nach den Zusammenstellungen Suess' auch mit dem Schütterterrain von Lietzen-Admont, sowie mit der Kamp-Linie zusammenhängt, welch' letztere vom Neustädter Steinfeld bei Brunn am Gebirge ausgeht und in nordwestlicher Richtung über Neulengbach und am nördlichen Donauufer in der Richtung des Kampflusses verläuft, weit hinauf ins böhmische Massiv zu verfolgen ist, — ja mit sächsischen Erdbeben im Zusammenhang zu stehen scheint.“

„Zuvor noch einige Worte über die Natur der Stosslinie von 1348, Venedig-Villach. Sie ist in ausgezeichneter Weise eine Radiallinie, wie sie etwa noch durch die Linien Triest-Adelsberg-Littai-Tüffer-Cilli oder Collalto-St. Croce-Capo di Ponte-Perrarolo angedeutet werden. Ich kann es nicht unternehmen, zu untersuchen, in wie weit in den beiden anderen Fällen die Stosslinien sich als Querbruchlinien herausstellen, dass dies bei den Erdbeben von Belluno in ausgezeichneter Weise der Fall war, haben wir im ersten Abschnitt dieser Studien gesehen.“

„Wenn wir nun von Ossiach über Friesach in Kärnten uns eine Verbindung der Villacher mit der Mürz-Linie bei Judenburg (Erdbeben im Mai und Juni 1812, 8. Juni 1813, 3. Mai 1843, 19. Juni 1857) und Knittelfeld (Stösse am 26. und 27. October 1864) hergestellt denken, und wir werden gleich sehen, dass die seismischen Erscheinungen diese Verbindung als nothwendig voraussetzen lassen, so erhalten wir einen sehr eigenthümlichen Zusammenhang einer Querbruchlinie mit einem ausgesprochenen Längsbruch. Denn als einen solchen dürfen wir wohl das Mur-Thal aus der Gegend von Judenburg bis Bruck und seine Fortsetzung von Bruck bis Mürzzuschlag im Mürz-Thal bezeichnen. Ein Bruch, der vollständig im Streichen des Gebirges liegt und parallel verläuft dem SO.-Rande des böhmischen Massivs, wie ja diese Streichungsrichtung die östlichen Ausläufer der Ost-Alpen ganz allgemein an jener Stelle beherrscht, an welcher sie von dem west-östlichen Alpinen in das Südwest-Nordöstliche der Karpathen übergehen. — Wir sehen sonach, dass zweierlei Brüche in einem seismischen Gebiet verbunden sein können, — es stellt übrigens die Mürz-Linie nicht genau die Verlängerung der Radiallinie Venedig-Villach dar, sondern beide Linien bilden einen, wenn auch sehr stumpfen Winkel. Dass aber die seismischen Erscheinungen, welche auf beiden Linien beobachtet werden können, unverkennbaren Zusammenhang zeigen, mag aus folgenden Fällen erkannt werden...."

Im weiteren Verlaufe der Arbeit (S. 444) sagt R. Hoernes: „Der unzweifelhafte Zusammenhang des Stossgebietes von Villach und der Mürz-Linie, welcher sich in der Erscheinung vom 4. December 1690 ausspricht, hat möglicher Weise auch bei dem grossen Erdbeben von 1348 eine Rolle gespielt. Suess stellt im 1. Abschnitt seiner Arbeit über die Erdbeben Niederösterreichs, welcher betitelt ist: Verzeichniss von Erdbeben in Niederösterreich und einigen zunächst angrenzenden Landestheilen, folgende Daten für die grosse Erschütterung des Jahres 1348 zusammen:"

„1348. 25. Jänner, um die Vesperzeit. In conversione S. Pauli factus est terrae motus ita magnus quem quis hominum meminerit. Nam in Karinthia-Stiria, Carniolin usque ad mare plusquam XL. firmissima castra et civitates subvertit, et mirum in modum mons magnus super montem cecidit et aquam quandam fluentem obstruxit, que etiam post se villas plures subvertit et subversit (Chron. Zwetl. ap. Kauch, Script. II. 5.324). Es ist dies das grosse Erdbeben von Villach, bei welchem ein Theil des Dobratsch in das Gail-Thal herabstürzte. — Der Sage nach soll das alte Babenberg'sche Schloss in Neustadt versunken sein, man hat diese Überlieferung mit dem Erdbeben von Villach von 1348 oder mit jenem von Basel von 1356 in Verbindung gebracht (Boeheim, Chron. von Wiener Neustadt, II, S. 117)."

Hoernes hat eine gerade Stosslinie von Venedig nach Villach, via Raibl, aufgestellt, und bespricht den „unzweifelhaften Zusammenhang" des Stossgebietes von Villach mit der Mürz-Linie, via Ossiach, Friesach; für letztere Behauptung sind noch andere seismische Thatsachen erörtert, welche wir erst bei der Besprechung der einschlägigen Beben beurtheilen werden.

Die Linie Venedig-Villach, welche SW.—NO. gerichtet ist, weicht von unserer Tagliamento-Linie (SSW.—NNO.) ab; beide Stosslinien wurden auf Basis der Angaben Piloni's construirt. Von der erstgenannten Geraden fällt Udine ¹, geogr. Meilen östlich, S. Daniele, Gemona, Venzone und Tolmezzo, und zwar letzteres 4·5 geogr. Meilen westlich. Meine Tagliamento-Linie durchschneidet das Gebiet der ärgsten Zerstörung, fast unmittelbar an ihr liegen S. Daniele, Gemona, Venzone; Tolmezzo ist 1·5 Meilen westlich, Udine 2·7 Meilen östlich und Venedig 1·5 Meilen westlich gelegen. Es entspricht somit ihr Verlauf besser den thatsächlichen Angaben, als die von Hoernes vermuthete Gerade, welche direct von Venedig nach Villach gezogen wurde und dann selbstverständlich die Fortsetzung einer zweiten Linie sein müsste, welche von NO. her nach Villach gezogen wurde. Hoernes hebt ferner hervor, dass an der von ihm gezeichneten Linie Raibl liegt, von welchem, ebenso wie von dem nachbarlichen Flitsch und von Tarvis „zahlreiche" kleine Erdbeben bekannt sind. Durchsicht man meinen Erdbebenkatalog Kärntens, so wird man sich gestehen müssen, dass Raibl verhältnissmässig äusserst selten das Centrum eines Bebens war, obzwar es dort an eifrigen Beobachtern und Publicisten nicht gefehlt hat.

R. Hoernes begründet somit die von ihm aufgestellte Linie Venedig-Villach factisch durch nichts, als durch die Angaben Piloni's, welchen jedoch meine Tagliamento-Linie viel besser entspricht, und welche, wie wir später sehen werden, seismisch und geologisch sichergestellt werden kann.

Es ist in der Erzlagerstättenlehre schon längst nachgewiesen, dass sich Klüfte nicht ununterbrochen in derselben Richtung fortsetzen, sondern auf andere, oder auf Zonen von geringerem Widerstand stossend, eine Weile nach diesem ihre aufreissende Wirkung äusserten, dann jedoch diese durchbrechend, um in ähnlicher Richtung wie früher weiter zu streichen; derartige Erscheinungen werden vom Erzbergmanne „Gangablenkungen" genannt, und sind wesentlich von den Verwerfungen unterschieden, mit welchen sie für den ersten Blick einige Ähnlichkeit zeigen. Nehmen wir an, dass Hoernes die Stosslinie Judenburg-Friesach-Villach vollständig sicher constatirt hätte, so ist es doch nicht unbedingt nothwendig, dass sich diese Linie schnurstracks über Villach hinaus nach SW. fortsetze; sie kann ja auf der Dobratsch-Spalte etwas abgelenkt worden sein und durchbrach diese in der Nähe von Hermagor, um von da aus nach SSW. weiter zu streichen. Auch dann wäre die von E. Suess aufgestellte Mürz-Linie bis zur oberitalienischen Ebene fortgeführt.

In dieser Kette fehlt uns noch der Nachweis einer Verbindung der Dobratsch-Linie mit der Mürz-Linie. Wir haben bereits früher hervorgehoben, dass den Zerstörungen an den Ufern des Ossiacher Sees füglich keine weitere Bedeutung beigelegt werden darf, als dass dieselben in die pleistoseiste Zone fallen und wegen der Nachrichten von Kellerberg (NW. von Villach) als solche anerkannt werden müssen. Damit will ich durchaus nicht gesagt haben, dass eine Verbindung der Dobratsch- und Mürz-Linie nicht existire; doch das Beben von 1348 lässt nach den Nachrichten, die wir dermalen darüber besitzen, eine solche Verbindung nicht erkennen. Wenn die Sage von einem Schlosse bei Wiener Neustadt erzählt, welches entweder 1348 oder 1356 in Folge eines Erdbebens eingestürzt sein dürfte, so sind dies keine Argumente, welche in der exacten Forschung Berechtigung besitzen. Selbst wenn diese Nachricht über allen Zweifel erhaben wäre, so ist diese Thatsache allein nicht genügend, Villach mit der Thermenlinie zu verbinden, ebenso wenig, wie es gerechtfertigt ist, Bamberg, Schwaben, Rom und Neapel mit Villach durch eine Stosslinie zu verbinden. Diese Thatsachen beweisen nur gleichzeitige heftige Erschütterungen, über deren inneren Zusammenhang dieses Beben von 1348 allein keine weiteren Aufklärungen gibt. R. Hoernes hat sich deshalb auch bemüht, die Existenz der Stosslinie Villach-Judenburg anderweitig seismisch nachzuweisen; wir kommen hierauf gelegentlich mehrmals zu sprechen, und verweisen vorläufig darauf, die von ihm zur Bekräftigung seiner Ansicht citirten Beben in dem vorstehenden Kataloge nachzuschlagen; man wird sich überzeugen, dass dieselben in Hoernes' Sinne nicht beweisend sein können.

Übersicht:

1. Das Maximum der Intensität des Erdbebens im Jahre 1348 äusserte sich an der Villacher Alpe, in Villach und Umgebung.

2. Die Zerstörungen von Hollenburg, Wildenstein und zum Theil Feiomperg berechtigten zu der Annahme der Dobratsch-Linie, welche mit der Längsbruchlinie des Gail-Thales und mit jener am Nordfusse der Karawanken zusammenfällt. Sie verquert den südlichen Theil Kärntens in der Richtung W.—O., ihre Verlängerung bis Marburg wird aus seismischen Gründen vermuthet.

3. In Venetien entspricht der Zone ärgster Zerstörung eine Linie, welche 1·5 Meilen östlich von Venedig, von SSW. nach NNO. durch S. Daniele streicht, mit dem Mittellaufe des Tagliamento und bei Pontafel mit starken Schichtenstörungen zusammenfällt und bei Hermagor im Gail-Thale die Dobratsch-Linie trifft; sie wurde Tagliamento-Linie genannt und entspricht den Berichten besser, als die von R. Hoernes vermuthete Gerade Venedig-Villach.

4. Eine Verbindung der Dobratsch-Linie oder Villachs mit der Mürz-, resp. Mur-Linie kann aus dem Beben von 1348 nicht abgeleitet werden.

5. Das Erschütterungsgebiet war wenigstens 6.360 geogr. Quadratmeilen = 350200 $\square^{km}$ gross.

6. In Schwaben und in Bamberg kamen derart starke Verheerungen vor, dass für diese Gebiete eigene Centren angenommen werden müssen; eine Beziehung derselben mit Villach wird durch spätere Beben bestätigt.

7. Auch die von Neapel und Rom gemeldeten gleichzeitigen Beben lassen ein eigenes Centrum in Mittel-Italien vermuthen.

8. Das Erdbeben war bezüglich seiner Entstehung ein apodynamisches; mit Rücksicht auf seine Verbreitung nach den erwähnten Spalten war es ein laterales.

9. Dem Hauptstosse vom 25. Jänner 1348 folgten im Gebiete der Villacher Alpe durch 40 Tage leichtere Nachbeben, ferner am 3. August 1349 und in den Jahren 1359 und 1360 stärkere Erschütterungen; es scheint eine Pause bis 1511 eingetreten zu sein.

März 1511.

Kärnten, zum wenigsten ein beträchtlicher Theil hievon, wurde am 27. März erschüttert; von Hollenburg, Klagenfurt, St. Veit und Göw (?) liegen Nachrichten über Gebäudebeschädigungen vor; die drei erstgenannten Orte liegen in einer Geraden, welche von SzW. nach NzO. gerichtet ist, welche in ihrer südlichen Fortsetzung nach dem Loibl weist, und etwas südöstlich von Radmannsdorf in das Save-Thal gelangt. Jene Erschütterung äusserte jedoch ihre grösste Zerstörung in Krain. Schon am 26. März wurden in Laibach und Umgebung viele Gebäude, und Triest, Venedig, Padua, Udine und andere Orte zerstört; die grossartigen Verwüstungen fanden aber am 27. (28.?) März statt.

Die vielen Schlösser, mehrere Städte, welche entweder gänzlich niederfielen, oder grösstentheils zerstört wurden, sind bereits in der Erdbebenchronik genannt worden. Verzeichnet man sie auf eine Karte, so ergibt sich sofort, dass die meisten derselben nach einer Linie angeordnet sind, welche sich längs der oberen Save so lange fortzieht, als dieselbe die NW.—SO.-Richtung einhält; während die Save nördlich von Laibach ihre Richtung ändert, behält die Stosslinie ihr Streichen nach SO. bei. Unmittelbar an ihr liegen die arg verwüsteten Orte: Veldes, Gutenberg (bei Radmannsdorf), Neumarktl, Bischoflaak und Laak, Flödnig, Stein und Oberstein, Billichgratz, Laibach und Auersperg. Es ist schwer zu constatiren, welche dieser Localitäten die Wirkungen der grössten Intensität aufweist, indem uns der frühere Erhaltungszustand der Gebäude unbekannt ist; es ist jedoch zu vermuthen, dass Laibach und Auersperg am meisten litten, und nachdem schon am ersten Stosstage Laibach und Umgebung arge Zerstörungen erlitt, so erscheint es als höchst wahrscheinlich, dass das Beben daselbst den Focus hatte. Diese von Radmannsdorf nach Auersperg (NW.—SO.) verlaufende Linie grösster Intensität wollen wir die Stosslinie Radmannsdorf-Auersperg heissen; sie ist orographisch nach dem grössten Theile ihrer Länge (Radmannsdorf-Laibach) durch das tiefe Thal der oberen Save characterisirt, als dessen naturgemässe Fortsetzung die Isenza-Bach (zwischen Auersperg und Laibach) angesehen werden muss. Von Laibach weiter nach SO. über Auersperg hinaus begegnen wir eine bis nach Ogulin fortsetzende Depression, die noch weiter nach SO. die östliche Begrenzung des Kapellagebirges bildet.

Die Stosslinie Radmannsdorf-Auersperg ist somit durch eine tiefe Einsenkung characterisirt, welche durchwegs 1000 bis 2000 Par. Fuss Seehöhe misst.

Doch auch geologisch ist dieselbe klar gekennzeichnet. Schon im SO. von Gottschee bei Altenmarkt an der Kulpa trennt sich von der ausgebreiteten Masse der Gutensteiner Kalke ein schmaler Zug, welcher nach NW. zwischen Hallstädter Kalken und cretacischen Schichten streicht, durch Aufbrüche älterer Schichten (Werfener und paläolithische Sandsteine, Schiefer etc.) als Dislocationslinie deutlich characterisirt wird, und über Auersperg bis Laibach nachgewiesen wurde. Die weitere Verfolgung dieser Linie längs der oberen Save wird durch die horizontal bedeutend entwickelten Quaternärbildungen bedeutend erschwert. Weiter gegen NW. trifft diese Linie in ihrer Verlängerung Villach.

Ob sich die Stosslinie Radmannsdorf-Auersperg etwas südwestlich von Radmannsdorf gabelt und einen Ast über das Loibl nach Hollenburg, Klagenfurt und St. Veit sendet, hat nach dem früher Mitgetheilten sehr viele Wahrscheinlichkeit für sich, doch betrachte ich diese Thatsachen für nicht genügend, um jene Frage ganz bestimmt zu bejahen.

Eine zweite Linie, der früher constatirten nahezu parallel, verbindet die stark erschütterten Orte Tolmein, Idria, Hausberg (nordwestlich von Planina) und Adelsberg, welche nach ihren constatirten Endpunkten die Stosslinie Tolmein-Adelsberg benannt werden kann. Sie ist tektonisch nicht so prägnant ausgesprochen, als die zuerst abgehandelte, jedoch auf hypsometrischen Karten erkennbar, durch den Lauf des Isonzos (Flitsch-Bacha) und den unteren Theil der Idria angedeutet; sie bildet nach dem grössten Theile ihrer Erstreckung die nordöstliche Grenze des ausgedehnten Juracomplexes (zwischen Idria und Görz) und ist auf geologischen Karten durch den schmalen, sehr lang gestreckten Zug der Caprotinen- und Spatangenkalke leicht erkennbar. Es ist schwer zu entscheiden, an welchem Punkte dieser Linien die Stosskraft ihre grösste Intensität entwickelte; doch scheint Tolmein am stärksten gelitten zu haben.

Die meist stark zerstörten Orte Gemona, Udine, Gradiska, Görz, Triest und Muggia fallen abermals in eine von NW. nach SO. streichende Linie, die somit parallel zu den beiden vorhergenannten ist. Innerhalb dieser Stosslinie Gemona-Muggia hat die zerstörende Kraft in Gemona ihr erstes, in Gradiska ihr secundäres Maximum erreicht. Sie entspricht von Muggia bis Duino der Küstenlinie, von da bis zur Reichsgrenze der 100 Par. Fuss Hypse, lässt sich jedoch weiter nach NW. wegen der bedeckenden Quaternärbildungen füglich nicht mehr verfolgen. Nach SW. in Istrien entspricht ihr der gegen SW. gerichtete Steilabfall der Tschitscherei, welcher von NW. nach SO. streicht. Die Stosslinie fällt hier zusammen mit der gleichgerichteten mittleren und unteren Eocänformation (Liburnische Stufe Stache's), welche in knapp aneinander gedrängten Sätteln und Mulden gefaltet ist. Die sorgfältigen Studien Stache's [1] in diesem complicirten Gebiete wiesen an dem erwähnten südwestlichen Abfalle der Terbitscherei grossartige Störungen nach; insbesondere eine ausgesprochene Bruchlinie, z. B. bei Slun, Czernizza u. s. f., welche vollends mit der von uns entworfenen Stosslinie Gemona-Muggin übereinstimmt. Die Eocänformation reicht bis kurz vor Dulno; weiter nordwestlich bildet die besprochene Stosslinie die Grenze zwischen den Quaternärablagerungen und den älteren Schichten. Die Schichten des Karstes im allgemeinsten geographischen Sinne streichen von SO. nach NW.; dem entsprechend finden wir eine Reihe von Antiklinalen und Synklinalen denselben durchziehend; die gleichgerichteten Bruchlinien müssen sonach als Längsbruchlinien aufgefasst werden. Die erstgenannten Schichtenstörungen reichen bis zu den südöstlichen Alpen, in welchen die Schichten von W. nach O. gerichtet sind; die Bruchlinien können auch in diese eindringen, werden jedoch dann Querbrüche. Die Grenze zwischen dem Karst und den südöstlichen Kalkalpen bildet eine geographisch, geologisch und seismologisch wichtige Linie, welche ich schon seit Jahren die Laibacher Spalte nenne. Sie streicht von Bellano über Gemona, Caporetto, Lauk, wo sie sich unter einem geringen Winkel zwiesalt, und einerseits über Stein nach Tüffer, andererseits über Watsch nach Montpreis verlauft.

Die nordwestlichen Enden der beiden zuletzt constatirten Stosslinien, nämlich Gemona und Tolmein liegen ganz knapp an dieser Laibacher Spalte; hingegen wurde letztere von der Stosslinie Radmannsdorf-Auersperg verquert, und zwar so, dass letztere in zwei nahezu gleich lange Theile zerfällt; sie ist somit eine ausgesprochene Bruchlinie; hingegen muss es zweifelhaft bleiben, ob die beiden Stosslinien Tolmein-Adelsberg und Gemona-Muggia den Kamm- oder Muldenlinien von riesigen Erdwellen oder etwaigen Bruchlinien entsprechen, welche letztere sich mit der Laibacher Spalte nur scharen, diese jedoch nicht durchsetzen.

Überdies müssen wir hervorheben, dass sehr viele der, und zwar meist ärgst zerstörten Orte entweder unmittelbar an der Laibacher Spalte oder in deren Nähe liegen, so dass die Frage aufgeworfen werden könnte, ob nicht auch von ihr gleichzeitig, wie von den andern Stosslinien Erdstösse ausgingen. Doch mag man die Frage wie immer beantworten, stets wird man mit Rücksicht auf das früher Erörterte zugestehen müssen, dass die Laibacher Spalte auch während dieses Bebens von Bedeutung war.

Die Begrenzung der drei Stosslinien im Südosten (Muggia, Adelsberg und Auersperg) würde der von R. Hoernes vermutheten Radiallinie Triest-Littai entsprechen.

Nur von Laibach ist es nach dem geschichtlichen Materiale vollends sicher, dass daselbst ein Vorbeben und zwar mit grossartig zerstörender Wirkung auftrat, ebenso gewiss ist es, dass während des Hauptbebens die an der Stosslinie Radmannsdorf-Auersperg gelegenen Orte quantitativ und qualitativ am meisten litten; daraus mag wohl der Schluss gerechtfertigt sein, dass diese soeben genannte Stosslinie für das Erdbeben 1511 die dominirende war; ob die in ihr stattgehabten dynamischen Vorgänge die Bewegungen an den beiden anderen, nahezu parallelen Stosslinien anregten, so dass diese eine Folgewirkung der ersteren waren, oder umgekehrt ob der Impuls zu diesen Erderschütterungen ein gemeinsamer, tiefer liegender war, — das sind hochwichtige Fragen, welche sich jedoch nach meinem Dafürhalten aus dem über dieses Beben mitgetheilten historischen Materiale nicht entscheiden lässt. Dass Triest durch das Vorbeben (26. März) zwischen 2ʰ und 3ʰ Nachm. und Laibach zwischen 3ʰ und 4ʰ Nachm. Schaden litt, liesse vermuthen, dass die Erschütterungen von der Adria ausgingen, umsomehr, als an diesem Tage auch Venedig und Padua bebeneten; doch dürfte es anderweits gewagt sein, auf derartige Zeitangaben Schlüsse zu bauen, weshalb wir uns mit jenen Andeutungen begnügen wollen.

Aus der Thatsache, dass Laibach in der Nähe des Scharungspunktes der Laibacher Bruchlinie und jener von Radmannsdorf-Auersperg, also zweier seismisch besonders wichtiger Linien liegt, erklärt sich die grosse Häufigkeit der Beben daselbst; hiezu wird auch der Umstand beigetragen haben, dass Laibach als alte Landes-

[1] Dr. G. Stache, Die Eocängebiete in Inner-Krain und Istrien. II. Folge. (Jahrb. der k. k. geol. Reichsanst. 1864. S. 11.

hauptstadt seit Langem stets Persönlichkeiten besass, welche phänomenale Naturerscheinungen sorglich registrirten, während aus vom flachen Lande verhältnissmässig wenig Nachrichten erhalten blieben.

Übersicht:

1. Am 26. März Nachmittags fand ein Vorbeben statt, welches in Triest und insbesondere in Laibach arge Zerstörungen an Gebäuden anrichtete; ersterer Ort erscheint um circa eine Stunde früher erschüttert worden zu sein, als letzterer. Es kann mit einigem Grad der Wahrscheinlichkeit aus den Zeitangaben vermuthet werden, dass das Vorbeben von der Adria ausging.

Hauptbeben am 27. (28.) März.

2. Der grösste Theil der zerstörten Vesten und Städte liegt in der Stosslinie Radmannsdorf-Auersperg, deren Richtung NW.—SO. ist; sie ist eine orographisch und geologisch scharf gekennzeichnete Bruchlinie.

3. Nahezu parallel zu dieser machten sich zwei andere Stosslinien, die von Tolmein-Adelsberg, und jene von Gemona-Muggia durch grössere oder geringere Zerstörungen geltend; dieselben sind orographisch und geologisch nicht so prägnant ausgesprochen, wie die ad 2 erwähnte, doch immerhin sehr deutlich gekennzeichnet. Ob dieselben einer Bruchlinie im engeren Sinne oder nur Antiklinalen oder Synklinalen entsprechen, muss die spätere geologische Detailforschung aufhellen.

4. Es scheint, dass sich etwas südöstlich von Radmannsdorf eine secundäre Stosslinie von der ad 2 erwähnten abzweigte, welche über den Loibl-Pass nach Hollenburg, Klagenfurt, St. Veit läuft, und von SzW. nach NzO. gerichtet ist.

5. Es ist zu vermuthen, dass auch die Laibacher Spalte (W.—O.) activ war; sie schnitt die zerstörenden Wirkungen der Stosslinie Tolmein-Adelsberg und Gemona-Muggia in NW. ab, welche somit der Laibacher Spalte zuschaaren, ohne sie zu verqueren.

6. Die südöstlichsten Orte der drei Hauptstosslinien liegen in der von R. Hoernes aufgestellten Radiallinie Triest-Littai.

7. Die drei Hauptstosslinien sind Längsdislocationen, nur der nordwestlichste Theil, jener von Radmannsdorf-Auersperg ist ein Querbruch.

8. Da Laibach in der Nähe des Scharungspunktes der beiden wichtigen Stosslinien, der von Laibach und jener von Radmannsdorf-Auersperg, gelegen ist, so sind daraus die häufigen und heftigen Erderschütterungen erklärt, welche diese Stadt heimsuchen.

December 1890.

Dieses Beben erschütterte ganz Kärnten. Die grössten Zerstörungen wurden von Villach und dem Schlosse Schweeg (bei Treffen) gemeldet, daran reihen sich Wernberg und Klagenfurt, Gmünd und die benachbarten Kirchen zu Nöring und Kreuschlach, ferner Völkermarkt an; von St. Paul im Lavant-Thale liegt die Nachricht vor, dass einige Mauern und Gewölbe unbedeutende Risse erhielten.

Der Focus der Wirkung war somit bei Villach und Treffen, beide nur 34 Meilen von einander entfernt, gelegen; von hier aus ging eine Stosslinie direct nach Osten über Wernberg, Klagenfurt, Völkermarkt nach St. Paul, innerhalb welcher die Kraft mit der Zunahme der Entfernung vom Focus sichtlich abnahm; andererseits weisen die Zerstörungen Gmünd und Umgebung auf eine Ausbreitung der zerstörenden Kraft von Villach nach NW. hin, annähernd entsprechend dem oberen Drau-Thale. Die erstgenannte Stosslinie Villach-Völkermarkt entspricht dem anfänglich von Villach nach WO. gerichteten Drau-Thale, dem Wörther See und dem Nordrande der grossen Klagenfurt-Bleiberger Diluvialebene; nach ihrem ganzen Verlaufe sind die anstehenden Phyllite vielfach gestört, ihre Schichten auf den Kopf gestellt, stark gebogen oder verworfen, so dass sie eine ausgesprochene Bruchlinie genannt werden muss, die nahezu parallel streicht zu der südlich vorliegenden Dobratsch-Linie; beide markiren die von W. nach O. gedehnte grossartigste Depression Kärntens. Der weiteren Fortsetzung der Villach-Völkermarkter Bruchlinie nach West entspricht das Bleiberger Thal, in welchem wir deutlich einen Verwurf mit einer Sprunghöhe von schier 1000 Metern constatiren können, an welche die Schichten des Bleiberges tiefer liegen, als die correspondirenden auf der Villacher Alpe. Ob die Gmünder Linie mit dem ihr nahen Lauf der Drau (Villach-Spital) identificirt werden darf oder nicht, kann mit Rücksicht auf die wenigen vorliegenden Daten nicht entschieden werden. Doch auf die gewiss sehr interessante Thatsache wollen wir hinweisen, dass die nordwestliche Verlängerung der Linie Villach-Gmünd direct nach Nördlingen und Bopfingen führt, in jene Gebiete Frankens und Schwabens, in welchen, wie die in der Erdbebenchronik erörtert wurde, das Erdbeben zu besonderer Intensität gelangte.

In Kärnten währten die Nachbeben des 4. Decembers mehr als zwei Monate mit immer schwächer werdender Kraft, die zwar von Zeit zu Zeit stärker aufleuchtete, wie z. B. am 25. December, doch nicht mehr jene Kraft gewann, um Mauern zum Bersten zu bringen; auch am 4. und 28. März und am 29. November 1691 wurde Klagenfurt erschüttert, ohne dass es Schaden litt. Aus dem Jahre 1695 wurden zwei leichte Erdbewegungen gemeldet, worauf eine Zeit der Ruhe, zum wenigsten was zerstörende Beben anbelangt, bis zum Jahre 1767 eintrat.

Seit dem Jahre 1348 war das Erdbeben am 4. December 1690 das stärkste, welches Kärnten heimsuchte; es erschütterte das ganze Land heftig; bedeutend weniger stark ist es in Krain aufgetreten, hingegen beschädigte es in Wien den Stephansthurm und mehrere Häuser; von Steiermark wissen wir bloss, dass es dort sehr stark verspürt wurde, und dass viele Orte beschädigt wurden. Tirol hebte nur zum Theil, welcher, ist leider nicht bekannt. Merkwürdig muss es genannt werden, dass dieses Beben Schwaben und Franken stark erschütterte, ja im letzteren Gebiete (bei Hohentrüdingen) in einem Berge Spalten und Klüfte aufriss, so dass sich grosse Felsstücke ablösten. Es pflanzte sich nach Bayreuth, Frankfurt a. M., Heidelberg, Strassburg, ja bis Cöln fort, auch an einigen Orten der Schweiz soll es verspürt worden sein. Andererseits wurden Thüringen und Sachsen stark erschüttert, so dass Glocken anschlugen. Das Centrum soll hier bei Meissen gelegen gewesen sein. Das Schüttergebiet, abgesehen von Cöln, lässt sich durch ein unregelmässiges Sechseck begrenzen, dessen Ecken etwa durch die Städte Laibach, Wien, Görlitz, Wittenberg, Mainz und Basel bestimmt sind. Diesem Polygone entspricht eine Fläche von rund 7500 geogr. Quadratmeilen.

Bei der Mangelhaftigkeit der Berichte aus jenen Zeiten, wo nur stärkere Bodenschwankungen registrirt wurden, müssen die angegebenen Zahlen als Minimum betrachtet werden; sie geben uns jedoch trotzdem ein Bild von der Intensität oder der Summe einzelner Intensitäten, welches für Vergleiche von einigem Werth ist.

Überblickt man die erschütterten Gebiete in Deutschland, so lassen sie sich in zwei Gruppen bringen, die wir die sächsische und die schwäbische nennen wollen. Zu der ersteren muss jener District gezählt werden, welcher zwischen Weimar und Lauban, zwischen Wittenberg und Dresden liegt. Das schwäbische Schüttergebiet war ausgedehnter, und erstreckte sich zwischen Strassburg und Bayreuth und zwischen Frankfurt a. M. und Regensburg-Augsburg. Es hatte seine grösste Kraft bei Hohentrüdingen geäussert, in der Nachbarschaft wurden Nördlingen und Bopfingen sehr stark erschüttert. Aus diesem Schüttergebiete wird als Kriterium grösserer Intensität von Augsburg und Frankfurt gemeldet, dass die Glocken anschlugen.

In Cöln, abseits von den beiden genannten Schüttergebieten Deutschlands, wurde ebenfalls das Beben verspürt.

Verlängert man die in Kärnten activ gewesene Stosslinie Villach-Gmünd, so geht dieselbe nahe bei Augsburg vorbei, trifft den Focus der schwäbischen Erschütterung, berührt Frankfurt a. M. und trifft in Cöln ein, verbindet somit im westlichen Deutschland alle jene Punkte, welche seismisch von hervorragender Bedeutung waren.

Die Stosslinie Villach-Cöln misst bei 95 geogr. Meilen, und verquert einen grossen Theil Mittel-Europas in der Richtung SO.—NW.; In ihr finden wir drei weit entfernte Intensitätsscentren: Villach, Hohentrüdingen und Cöln.

Bei der überraschenden Übereinstimmung der erwähnten Thatsachen ist es füglich nicht mehr erlaubt, einen Zufall zur Erklärung anzurufen, der doch ganz eigenthümlich geartet sein müsste, dass die in diesem Beben seismisch hervorragenden Punkte Villach, Gmünd, Augsburg, Nördlingen, Frankfurt a. M. und Cöln in einer Geraden gereiht sind.

Es mag hier erinnert werden, dass auch im Jahre 1348 Villach und mehrere Schlösser in Schwaben gleichzeitig durch ein Erdbeben zerstört wurden.

Eine grosse Lücke in der Kenntniss des Bebens von 1690 ist der Mangel genauerer Angaben jener Orte, welche von Villach gegen NO. liegen; hoffentlich wird dieselbe bald von den heimischen Geologen und speciellen Seismologen ausgefüllt werden, um entscheiden zu können, ob wir die Erschütterung Wiens mit jener Villachs irgendwie in einen directen Zusammenhang bringen dürfen oder nicht.

Auf die seismische Verbindung Villachs mit Wien und dieses mit der Mürz- und Kamp-Linie hat bereits E. Suess und mit diesem übereinstimmend R. Hoernes hingewiesen; es ist zu bedauern, dass wir bisher noch keine eingehenden Erdbebencataloge von Steiermark und Böhmen besitzen, welche jedenfalls in dieser Frage, und ganz speciell bezüglich des in Rede stehenden Bebens von 1690 weitere und, wie zu vermuthen ist, sehr interessante Aufschlüsse bieten würden. Da ich den Materialien der beiden genannten Forscher keine Ergänzungen diesbezüglich hinzufügen kann, so muss ich mich begnügen, auf deren höchst interessante Studien hinzuweisen und zu erinnern, dass nach Jeitteles auch Mährisch-Trübau erschüttert wurde.

Unter den Nachbeben verdient jenes vom 19. Februar 1691 ganz besondere Beachtung; an diesem Tage wurden Klagenfurt, Laibach, Karlstadt und Venedig, letzteres besonders stark, erschüttert; andererseits bebten Hanau, Frankfurt a. M., Mainz, Saarlouis, Basel und Metz, letztere beiden Städte besonders stark. Es liegt hier abermals der Fall vor, dass sich gleichzeitig, sowohl südlich, als auch nördlich von den Alpen Erdbeben-Centren bildeten, welche nahezu in einer von 80. nach NW. gerichteten Geraden (Venedig, Basel, Metz) liegen, und welche parallel zu der Stosslinie Villach-Cöln streicht. Ich erwähne diese Thatsache, ohne hieraus weitere Folgerungen ziehen zu wollen.

Übersicht:

1. Das Erdbeben im Jahre 1690 hatte in Kärnten seinen Focus bei Villach-Schneeg; überdies gelangte es in Deutschland zu einer grösseren Kraft bei Nördlingen (Baiern), Meissen (Sachsen) und in Cöln.

2. Von Villach aus war eine nach Ost (Wernberg, Klagenfurt, Völkermarkt, St. Pauli) gerichtete Stosslinie (Villach-Völkermarkt) thätig, längs welcher arge Gebäudebeschädigungen auftraten, und welche die grosse Mittelkärntner Depression, die im Süden von der Dobratsch-Linie begrenzt ist, im Norden einsäumt.

3. Auch eine zweite Stosslinie (Villach-Gmünd) ist durch Zerstörungen markirt; sie ist von Villach gegen NW. gerichtet, und trifft in ihrer Verlängerung Nördlingen.

4. Dieselbe ist auch in Deutschland als eine Linie besonderer Intensität gekennzeichnet, an ihr liegen nebst dem genannten Nördlingen auch Augsburg und Frankfurt a. M., in welchen beiden Orten die Glocken anschlugen; in ihre weitere Verlängerung fällt Cöln.

5. Das Schüttergebiet war circa 7500 geogr. Quadratmeilen gross, somit nahezu gleich gross mit jenem des Villacher Bebens im Jahre 1348.

6. In Kärnten folgten dem Hauptbeben vom 4. December 1690 eine Reihe von Nachbeben, welche länger als zwei Monate währten, ihre Kraft nahm, abgesehen von einigen Protuberanzen, allmälig ab.

7. Am 19. Februar 1691, während Kärnten noch nachzitterte, ereignete sich abermals ein ausgedehntes Erdbeben, welches Klagenfurt, Laibach, Karlstadt, Venedig, ferner Basel, Hanau, Frankfurt a. M., Mainz, Saarlouis und Metz erschütterte. Die drei Maxima der Intensität (Venedig, Basel, Metz) fallen in eine von SO. nach NW. gerichtete Gerade, welche zu der 95 geogr. Meilen langen Linie Villach-Cöln nahezu parallel ist.

8. Die in dem März-Beben 1511 activste Stosslinie Radmannsdorf-Auersperg fällt genau in die Verlängerung der Cöln-Villacher Linie; erstere scheint am 19. Februar 1691 ebenfalls thätig gewesen zu sein, wie aus der Erschütterung von Laibach und Carlstadt gefolgert werden kann. Die südöstliche Verlängerung der wichtigen Stosslinie Radmannsdorf-Auersperg weist nach Ragusa, dem bekannten habituellen Stossgebiete; ob diesfalls ein factischer Zusammenhang besteht, muss erst durch spätere seismische Studien entschieden werden.

21. November 1767.

Ganz Kärnten wurde erschüttert. Strassburg im Gurkthale litt am ärgsten; ferner werden Beschädigungen gemeldet von Lieding, Mannsberg, Karlsberg und Klagenfurt. Das Schüttergebiet ist somit eine schmale, auffallend von N. nach S. gestreckte Fläche, welcher eine gleichgerichtete Stosslinie entsprechen wird.

26. (25.?) October 1812.

In Friesach wurde die Dominikanerkirche derart erschüttert, dass die Mauern Risse bekamen; in Klagenfurt scheint das Beben nicht sehr bedeutend gewesen zu sein. Friesach liegt in der Nähe von Strassburg, welches in dem vorher erwähnten Beben als Focus angegeben wurde. Auch in diesem Beben (1812) lässt sich eine ganz analoge Stosslinie, wie in dem vorher erwähnten ableiten, falls man die beiden Angaben für hiezu ausreichend hält.

März und April 1816.

Am 31. März, 1. und 9. April wurde das Grenzgebiet Obersteiermarks und Kärntens erschüttert; diese Beben scheinen das Maximum der Intensität in Judenburg erreicht zu haben. Als erschüttert werden in Steiermark nebst der erwähnten Stadt angegeben: Knittelfeld, Stuhalpe, Fohnsdorf, Nieder- und Ober-Wölz, St. Lambrecht und die Radstädter Tauern; in Kärnten: Friesach. Constatirt man aus diesen Daten das Schüttergebiet, so gelangt man zu einer von W. nach O. in die Länge gestreckten elliptischen Curve, in deren 16 geogr. Meilen langen Axe das obere Mur-Thal, bis zu seinem Beginne reichend, gelegen ist; wir wollen diese Stosslinie, fast W.- O. streichend, Mur-Ursprung-Knittelfeld benennen. Sie bildet die westliche Fortsetzung der von E. Suess auf Basis von habituellen Stossgebieten nachgewiesenen Mürz-Linie, in welche er bekanntlich auch das Mur-Thal, von Judenburg bis Bruck einbezog.

Die Stosslinie Mur-Ursprung-Knittelfeld ist somit nur ein Theil, und zwar, soweit unsere jetzigen Studien reichen, der westlichste Theil der Mürz-Linie; wenn ich dieselbe eigens benannte, so ist dies blos eine Consequenz des Strebens, jede bei einem Beben constatirte Stosslinie nach ihren jeweiligen Endpunkten zu benennen, damit sie später, wo sich irgendwie Beziehungen ergeben, eitirt werden können.

Die Stosslinie Mur-Ursprung-Knittelfeld bestätigt somit auch die von E. Suess hervorgehobene grosse Bedeutung des oberen Mur-Thales, eines Längsbruches, in seismischer Hinsicht; dieser Übereinstimmung dürfte am so grössere Bedeutung beizulegen sein, da die beiden, bei der Untersuchung angewendeten Methoden, wie bereits oben vorübergehend angedeutet wurde, verschieden sind.

Es ist wohl nicht nothwendig, hervorzuheben, dass die Verlängerung der Mürz-Linie von Judenburg nach Westen, die Existenz eines Zweiges, der diese Linie mit Villach verbindet, nicht ausschliesst. Ob diese Linie über Friesach-Ossiach gezogen werden soll, wie K. Hoernes glaubt, oder an anderer Stelle angenommen werden muss, damit werden sich spätere Untersuchungen befassen.

Februar 1825.

Am 21. und 24. Februar wurde St. Veit erschüttert, und zwar das erstemal stärker als am letztgenannten Tage, an welchem es ganz local gewesen zu sein scheint. Am 24. Februar dehnte sich das Beben gegen NO. bis in das Görtschitz-Thal (Eberstein, Wieting) aus.

18. März 1830.

Das Lavant-Thal, es ist dies eine auffallende Thatsache, wird selten erschüttert. Das Beben am obigen Tage war ein ganz locales, ein nur auf das obere Thal (Umgebung von St. Leonhard) beschränktes.

Es ist gewiss interessant, dass alle seit dem Jahre 1767 bis zum 18. Mai 1830 registrirten Beben ausschliesslich im Nordosten Kärntens, in der Centralalpenkette auftraten, in einem Gebiete, welches durch die Orte Klagenfurt, Friesach, St. Leonhard gemarkt ist; erinnert man sich ferner, dass die Stosslinie Mur-Ursprung-Knittelfeld nicht blos im März und April 1816 activ war, dass von Judenburg auch im Mai und Juni 1812 und am 8. Juni 1813 Erdbeben registrirt wurden, während in diesem Zeitraume von 63 Jahren weder aus der Kara-

wanken-Kette noch von Oberkärnten Erderschütterungen gemeldet worden, so kann man diese letztere Thatsache nicht auf sonstige Verhältnisse, etwa auf die vorübergehende Occupation durch die Franzosen zurückführen,
sondern wir haben es hier mit einer Erscheinung zu thun, welche durch Fehlerquellen in der Beobachtung nicht
erklärt, welche nicht negirt werden kann.

In jenem Zeitraume finden wir zweimal eine von Klagenfurt nach N. gerichtete Stosslinie activ, die wir
Klagenfurt-Friesach heissen wollen, in welcher St. Veit gelegen ist, das zweimal das Centrum von kleineren
Erschütterungen war. Auf dieser Stosslinie wurden die Orte, näher an der Mürz-Linie gelegen (Strassburg und
Friesach), stärker erschüttert, als die entfernteren. Doch die grösste Intensität während jener 67 Jahre trat in
der Mürz-Linie (Murursprung-Knittelfeld) auf, wie dies aus der 16 geogr. Meilen langen Axe des Schüttergebietes
folgt. In ihr äusserte sich also der Intensität und der Zahl nach die seismische Kraft am stärksten, sie war gleichsam durch längere Zeit die Trägerin derselben, die sich auch hie und da in den nach Süd gerichteten Seiten-
armen, insbesondere längs der Stosslinie Friesach-Klagenfurt, geltend machte. In der zuletzt genannten Linie
haben wir eine meridionale Verbindung zwischen der Mürz-Linie und der Stosslinie Villach-Völkermarkt gegeben,
welche zu den beiden letztgenannten senkrecht steht, und als ein Querbruch anzusehen ist. Derselbe zeigt sich
auch tektonisch als eine Einsenkung, in welcher die alte Reichsstrasse Friesach-Klagenfurt liegt; der Schichten-
bau dieses Gebietes ist mannigfaltig gestört.

Es sei hier noch in Erinnerung gebracht, dass die Stosslinie Klagenfurt-Friesach genau in die Verlängerung der während des Bebens 1511 activ gewesenen Linie Hollenburg-St. Veit fällt.

Übersicht:

1. In dem Zeitraume von 1767 bis 1830 war in Kärnten die seismische Kraft ausschliesslich nur im nordöstlichen Theile des Landes fühlbar.

2. Während dieses Zeitraumes kamen die stärksten und häufigsten Erderschütterungen längs der Stosslinie
Mur-Ursprung-Knittelfeld vor.

3. Dieselbe ist der westlichste Theil der von E. Suess aufgestellten Mürz-Linie, welche hiedurch eine
wesentliche Bestätigung erhält.

4. Von dieser Linie gingen fast senkrecht zu ihr Seitenarme ab; wovon jener nach St. Leonhard im Lavant-
Thale untergeordnet, hingegen jener über Friesach nach Klagenfurt besonders wichtig ist.

5. Die letzterwähnte meridionale Stosslinie, welche die Fortsetzung der im Jahre 1511 activ gewesenen
Stosslinie Hollenburg-St. Veit bildet, hatte ihre grössten Intensitätsäusserungen in der weiteren Umgebung
Friesachs.

6. Die Stosslinie Friesach-Klagenfurt ist auch tektonisch ausgeprägt.

11. August 1830.

Das Erdbeben wurde in Klagenfurt, stärker jedoch in den hievon südlich und südwestlich gelegenen Orten
des Drau-Thales: Ferlach und Suetschach verspürt; in Unterloibl bekamen die Mauern Risse, so auch in Neumarktl (Krain), wo es besonders stark empfunden ward; in den Schluchten des Loibls fielen Felstrümmer herab.
Aus diesen Angaben gelangt man unwillkürlich zu der schon vom Erdbeben 1511 her bekannten Linie Hollenburg-St. Veit; dieselbe ist jedoch, weiter gegen Süd bis verlängert, bis gegen Radmannsdorf activ gewesen
und hatte ihre grösste Intensität in der Nähe Neumarktls geäussert; von hier ab sehen wir gegen Norden am
Loibl und in Unterloibl noch bedeutende Wirkungen, welche jedoch weiter nach Nord bis Klagenfurt, allmälig
abnehmen.

Südöstlich von dieser Linie liegt Laibach, welches gleichfalls, wenn auch nicht stark bebte.

Übersicht:

1. Die Stosslinie Neumarktl-Klagenfurt, ident mit jener Hollenburg-St. Veit von 1511, war ausschliesslich activ; wir werden sie die Loibl-Linie nennen.

2. Das Maximum der Intensität war Neumarktl.

3. Die seismische Kraft wanderte seit mehreren Jahren nach einer meridionalen Stosslinie von Strassburg (1767), Friesach (26. October 1812) allmälig gegen Süd nach St. Veit (21. und 24. Februar 1825) und dann nach Neumarktl (11. August 1830).

4. Die Zerstörung des Schlosses Neumarktl im Jahre 1511 dürfte von der in Rede stehenden Stosslinie ausgegangen sein.

1. October 1832.

Tarvis bekommt durch ein Erdbeben Manerrisse; die seismische Kraft äussert sich nach einer Pause von 65 Jahren, wenn auch nur local, in Oberkärnten.

27. Jänner 1833.

St. Veit und dessen nächste Umgebung, bekanntlich der Stosslinie Friesach-Klagenfurt angehörend, bebte abermals und zwar nach einer Pause von nur 8 Jahren.

20. November 1833.

Als erschüttert werden angegeben: Klagenfurt und Umgebung, Görtschach, Ferlach, Weidisch und Zell (besonders stark), Bad Villach, Neumarktl (Krain). Aus diesen Angaben könnte man vermuthen, dass die Stosslinie Neumarktl-Klagenfurt abermals activ war; doch mit Rücksicht auf die Nachrichten vom Bade Villach und von Zell kann dies angezweifelt werden; wir enthalten uns deshalb jedweder anderen Schlussfolgerung, als dass der Focus der Wirkung bei Zell gelegen zu haben scheint.

19. Juni 1835.

Das an diesem Tage erschütterte Görtschach liegt sowohl an der Loibl-, als auch an der östlichen Dobratsch-Linie.

31. October 1835.

Gmünd und Spital, an der Linie Villach-Gmünd gelegen, werden circa drei Stunden später erschüttert als mehrere Städte in der nördlichen Schweiz; wie erwähnt wurde, bebte letztere auch im Jahre 1690 gleichzeitig mit Gmünd.

21. Juni 1837.

Es wurde der südwestlichste Theil Kärntens, und das anstossende Gebiet Untersteiermarks erschüttert.

27. August 1840.

Von diesem Beben mangeln uns leider die Angaben von Tirol und von Obersteier, Details von Venetien und der Lombardei, so dass wir uns nur ein beiläufiges Bild von der Ausdehnung dieses Bebens entwerfen können. Aus den vorliegenden Angaben geht jedoch bestimmt hervor, dass die Zerstörungen am stärksten an den Gebänden in Eisenkappel (Kärnten) und in Franz (Untersteier) auftreten; diesen beiden Brennpunkten entsprechen auch andere Zerstörungen in benachbarten Orten; so z. B. entspricht Eisenkappel dem hievon westlich gelegenen Windischgraz; würde man diese beiden Orte als Einer Stosslinie, welche von W. nach O. gerichtet wäre, angehörend ansehen, so würde dieselbe sehr gut mit jenem schmalen, doch im Streichen viele Meilen hin verfolgbaren Aufbruche paläozoischer Gesteine, welcher in neuerer Zeit mit ganz besonderem Interesse von Suess, Stache und Tietze studirt wurde, übereinstimmen. Die westliche Fortsetzung träfe nach Zell, in dessen Nähe der Focus der Beben im Jahre 1833 gelegen war.

Die an der Südseite unserer Triaszone gelegenen Orte, von welchen Manerrisse gemeldet werden, wie: Franz, St. Oswald, Stein, dann Laibach und Watsch entsprechen der Laibacher Spalte, welche sich an dieser Stelle (von Laak ab) bereits in einem nördlichen und südlichen Ast, beide wenig divergirend, getheilt hat.

Überdies lässt sich noch eine auffällige Ausweitung des Schüttergebietes in südöstlicher Richtung, nach Raifnitz, Agram, Karlstadt, Topusko, Glina, Petrivo etc. sicher constatiren. Reifnitz gehört unmittelbar der bereits früher (1511) nachgewiesenen Stosslinie Radmannsdorf-Auersperg, respective deren südöstlichen Verlängerung an, ebenso fällt Vodice (NW. von Adelsberg) in die Stosslinie Tolmein-Adelsberg (1511), hingegen gehören die andern in Croatien gelegenen Orte nicht jenen Stosslinien an, welche sich im Jahre 1511 besonders bemerkbar machten, sondern fallen selbst von der Verlängerung der constatirten Stosslinie Radmannsdorf-Auersperg etwas östlich. Ob die daselbst empfundenen Erschütterungen auf dieselbe Stosslinie zurückzuführen seien, unter der Annahme, dass von Orten, welche ihre directe südöstliche Verlängerung trifft, z. B. die Umgebung Ogulin, keine Berichte vorliegen, oder ob dieser Theil des Schüttergebietes einer andern östlicher gelegenen Stosslinie angehört, das sind Fragen, die sich mit Rücksicht auf den Mangel genauer Intensitätsangaben aus Croatien füglich nicht mit Sicherheit entscheiden lassen. Es wäre jedoch in hohem Masse wünschenswerth, wenn diese Fragen z. B. von den croatischen Geologen weiter verfolgt werden würden, da es geradezu auffallend ist, dass die Linie Eisenkappel-Franz, welche in ihrer südöstlichen Verlängerung dem Save-Thale von Steinbrück bis circa nach Gurkfeld entspricht, und die Gegend von Glina trifft und Agram und Karlstadt fast in gleicher Entfernung zu beiden Seiten liegen lässt. Es wäre hier eine Stosslinie, fast parallel zu jenen drei, längs welchen sich während des Bebens 1511 die grössten Zerstörungen äusserten.

Von dem pleistoseisten Gebiete, markirt durch Eisenkappel, Windischgraz, Franz und Laibach, hat sich die Erschütterung in der Richtung gegen NO. und O. nicht weit erstreckt; ob sie in Graz noch gefühlt wurde, ist fraglich; über Windischfeistritz hinaus erstreckt sie sich nicht weit. Andererseits liegen uns vom Südosten Nachrichten aus weit entfernten Gebieten, ja sogar von einzelnen Orten der Lombardei, vor. Die einfachste Erklärung wäre wohl die, dass der Stoss sich nach der Laibacher Spalte gegen West hin verbreitete; doch dies kann eben nur als eine Vermuthung gelten, indem ja auch andere Heerde durchaus nicht ausgeschlossen werden dürfen.

Überblickt man die Resultate, welche uns dem am 27. August 1840 stattgehabten Beben mit Sicherheit gezogen werden können, so müssen wir uns unumwunden gestehen, dass die meisten keinen Anspruch auf Gewissheit machen können, sondern nur als Vermuthungen angesehen werden müssen, über welche erst abgeurtheilt werden kann, wenn das Material ein weitaus reicheres als das jetzt vorliegende ist.

Nachbeben :

Überblickt man die Reihe der Angaben, welche über dieselben vorliegen (30. August, 2., 24. und 25. September), so lässt sich nur constatiren, dass diese Erschütterungen allmälig an Intensität abnahmen, und dass sie in Krain stärker als in Kärnten empfunden wurden.

Ob man das Beben vom 25. December 1840 noch in die Reihe der Nachbeben stellen soll oder nicht, muss fraglich bleiben; es entspricht der schon mehrmals erwähnten, von Klagenfurt nach S. gerichteten Stosslinie. Auch das am 15. September 1841 von Görtschach gemeldete Beben würde dieser Linie angehören.

Anfang 1844.

Es liegen uns von Gmünd, bekannt durch die Zerstörungen im Jahre 1691, Nachrichten vor, dass am 26. Jänner, am 4. und 5. Februar die dortige Gegend, wenn auch nicht besonders stark, bebte. Der Heerd jener Erschütterungen war gewiss in der Umgebung Gmünd's gelegen gewesen.

24.--25. Juni 1844,

Innerhalb der Stosslinie Klagenfurt-Friesach bildete sich bei Kreuz ein Centrum eines localisirt gebliebenen Bebens. Als bemerkenswerth muss es hervorgehoben werden, dass am 25. Juni auch von Budweis und Drösiedl in Niederösterreich Erdenschütterungen gemeldet werden; diese Gleichzeitigkeit ist nun so eigenthümlicher, da die gerade Verlängerung der soeben erwähnten Kärntner Stosslinie die Gegend dieser Orte Niederösterreichs trifft. Wir wollen uns hier damit begnügen, diese Thatsachen zu verzeichnen, ohne dermalen hieraus weitere Folgerungen zu ziehen.

21. December 1845.

Als erschüttert werden angegeben: Klagenfurt und weitere Umgebung, Laibach (besonders heftig, Mauerrisse), Saplana (der Boden schien in anhaltender Bewegung zu sein, Mauerrisse traten auf), Möttling, Cilli, Römerbad (die Therme blieb aus), Triest und Venedig. — Am nachfolgenden Tage empfand man in Laibach einen Stoss, in Saplana jedoch noch vier Stösse. — Aus diesen Nachrichten kann mit Sicherheit nur das gefolgert werden, dass in der Nähe von Saplana der Focus des Bebens lag. Ob das Beben central war, oder ob es von einer oder mehreren Stosslinien ausging, kann auf Basis der vorliegenden Angaben nicht entschieden werden. Nimmt man Saplana als Centrum an, so sind hievon die peripherischen Orte nahezu gleich weit entfernt, nur Venedig würde circa 9 bis 10 Meilen ausserhalb dieses Kreises von 13 Meilen Radius fallen. Man könnte somit daraus schliessen, dass der Erdbebenherd in der Richtung Saplana-Venedig besonders ausgedehnt gewesen sein mag; nur so gerechtfertigter erscheint diese Annahme, da eine Ausweitung des Schüttergebietes gegen Venedig nicht etwa durch günstige Fortpflanzungsverhältnisse der Erdbebenwellen erklärt werden kann, da die letzteren die Schichten verqueren müssten, womit eine Intensitätsabnahme verbunden ist.

Wenn auch die Linie Venedig-Saplana-Laibach, in deren Verlängerung Cilli fällt, an vielen ihrer Stellen orographisch von besonderer Bedeutung ist, so glaube ich doch, dass die hier mitgetheilten Thatsachen nicht ausreichen, um hierauf eine Stosslinie construiren zu können.

10. Juli 1860.

Es werden als erschüttert genannt: Paternion, Himmelberg, Klagenfurt, Radmannsdorf, Veldes, Triest, Görz und Udine. Construirt man hieraus das Schüttergebiet, so ergibt sich eine von SSW. nach NNO. in die Länge gestreckte Ellipse von 12 geographischen Meilen Breite und 20 geographischen Meilen minimaler Länge; diese ist deshalb nicht genau anzugeben, da der südliche Theil des Schüttergebietes in die Adria fällt. Der Propagationsdistrict umfasste wenigstens bei 200 geographische ☐Meilen. Die Axe würde durch die beiden Orte Görz und Himmelberg gezogen werden müssen, ist somit als eine Stosslinie anzusehen; in sie fällt auch das so häufig und heftig erschütterte Tolmein. Da man in Görz an demselben Tage noch zwei, und zwar leichtere Erschütterungen verspürte, so liegt die Annahme nahe, dass sich hier die seismische Kraft besonders entwickelte; auch Mittels (S. 109) macht die Bemerkung, dass das Beben, wie es scheint, in Görz stärker, als in Radmannsdorf Veldes gefühlt wurde.

Dass das Schüttergebiet eine elliptische Form, wenigstens in seiner östlichen Hälfte, gehabt haben muss, kann nun dem Umstande abgeleitet werden, dass die „Laibacher Zeitung" wohl die beiden früher genannten Oberkrainer Orte angibt, von Laibach selbst jedoch schweigt. Es ist naturgemäss, und nach meinen Erfahrungen bei dem Durchblättern diverser Tagesblätter als höchst wahrscheinlich vorauszusetzen, dass, falls Laibach ebenfalls erschüttert worden wäre, dies wenigstens durch eine Redactionsbemerkung angegeben worden wäre.

26. Jänner 1855.

In den Jahren 1851 bis 1856 erscheint vorwiegend Oberkärnten erschüttert.

Am oben genannten Tage bebneten: Rosegg, Villach, Paternion, Feld, Mitterberg, Bleiberg, Kreuth, Hermagor Weissbriach, Arnoldstein, Tarvis, Saifnitz, Malborghet, Pontafel, Weissenfels und Ratschach; es ist somit diese Erschütterung eine local kärnterische; das Gebiet greift nur wenig über die südliche Landesgrenze, und ist begrenzt von einer westöstlich in die Länge gestreckten Curve, deren Mittellinie das Gail-Thal bildet. Berücksichtigt man die Angaben über Stossrichtungen und Intensität von Bleiberg, Kreuth und Arnoldstein, so gelangt man unwillkürlich zu dem Schlusse, dass im Dobratsch der Ausgangspunkt des Bebens war. Von hier aus breitete sich das Beben sowohl nach Ost, als auch nach West je 4½ geographische Meilen aus, während es nördlich nur 2½ Meilen reichte. Daraus folgt, dass dieses Beben vom Gail-Thale, somit von der westlichen Verlängerung der Dobratsch-Linie (1348), ausging, und dass die Intensität fast inmitten der 1855 activ gewesenen Länge ihr Maximum erreichte, nämlich im Dobratsch, welcher, wie früher erläutert, auch im Jahre 1348 den Focus bildete.

Die am anderen Tage (27. Jänner) stattgehabten Nachbeben um 2½ und 6½ P. M. wurden gefühlt in Tarvis, Bleiberg, Kreuth, Heiligen Geist, Arriach und St. Ruprecht. Nachdem diese Angaben denselben amtlichen Berichten entnommen sind, welche das Hauptbeben schildern, so muss angenommen werden, dass das Schüttergebiet im grossen Ganzen richtig angegeben ist. Dasselbe stellt somit eine schmale Ellipse dar, deren Hauptaxe von SW. nach NO. gelagert ist, und bei 5 geographischen Meilen misst. Die Spitze des Dobratsch liegt fast inmitten der Stosslinie Tarvis-Arriach, und aus den vorliegenden Berichten folgt, dass in ihm abermals der Focus der Intensität lag.

Wenige Tage nachher (1. Februar) wird Josefsthal bei Litschau (in der nordöstlichen Ecke Niederösterreichs) erschüttert; obzwar die Verlängerung der kurzen Stosslinie Tarvis-Arriach dieses Gebiet nicht trifft, sondern hievon östlich vorbeistreicht, so verdient die erwähnte Thatsache um so mehr Beachtung, da dies bereits der zweite Fall ist, dass Erdbeben gleichzeitig, oder fast gleichzeitig in Kärnten und in der Umgebung von Waidhofen an der Thaya auftraten. Jedesmal war die Kärntner Stosslinie gegen das südwest-böhmische Massiv gerichtet.

18. März 1855.

Zeichnet man nach den vorliegenden Nachrichten das Schüttergebiet ein, so ergibt sich, dass fast ganz Kärnten bebnete; der östlichste Theil, das Canal-Thal und, wie es scheint, auch das obere Möll-Thal blieb ruhig. Der Verbreitungsbezirk ist circa 84 Quadratmeilen; er ist auffallend nach der Richtung WNW. und OSO. gestreckt, das untere Möll-Thal und der Lauf der Drau von Sachsenburg bis Villach bildet annähernd die Mittellinie. Leider fehlen alle Nachrichten vom oberen Liesen-Thale und seinen Seitengräben, eventuell auch vom ausströmenden Salzburgischen, um die Mittheilungen aus dem nordöstlichen Theile des Schüttergebietes, z. B. St. Jacob im Gork-Thale, richtig würdigen zu können. Bezüglich der Intensität wurden von St. Martin (nordöstlich von Villach) Risse in soliden Mauern gemeldet; so scheint also in dieser Gegend der Focus gewesen zu sein. In Bleiberg entstand eine Mauerspalte. In Oberkärnten wurde das Beben noch besonders stark empfunden, abgesehen von Villach und dem nachbarlichen Müllnern, in Paternion und in Lieseregg; von letzterem Orte heisst es, dass die Hauptbewegung von Norden hergekommen zu sein scheint. Thatsache ist, dass die vom Lieseregg südlicher gelegenen Orte den Stoss auffallend schwächer empfanden. Daraus ergibt sich, dass hier die Stosslinie nördlich von Lieseregg vorbeiging. Stellt man alle diese Intensitätsangaben zusammen, so ergibt sich ungezwungen, dass am 18. März 1855 die Stosslinie Villach-Gmünd thätig war, welche im Jahre 1689 zu einer eminenten Bedeutung kam, und sich auch in dem jetzigen Jahrhunderte durch mehrere locale Erschütterungen der Umgebung Gmünd's bemerkbar machte.

Nebst den genannten Orten wurden noch heftig erschüttert: Innere und äussere Teichen, welche etwas nordöstlich von der erwähnten Stosslinie liegt, und Rosegg, welches in die südöstliche Verlängerung derselben fällt.

Übersicht:

1. Das Schüttergebiet ist eine von WNW. nach OSO. gestreckte Curve und besitzt mindestens 84 Quadratmeilen; da Nachrichten aus der Umgebung Gmünd's fehlen, so könnte seine Axe auch von NW. nach SO. gerichtet sein.

2. Alle Intensitätsangaben stimmen dahin überein, dass dieses Beben von der bekannten Stosslinie Villach-Gmünd ausging, welche sich auch in ihrer südöstlichen Verlängerung (Rosegg) geltend machte.

3. Der Focus der zerstörenden Wirkung lag in der Nähe Villachs (St. Martin).

1856.

Von Klagenfurt werden in diesem Jahre Beben gemeldet: vom 9. Februar, 5. April und 9. November; während die beiden ersteren local Kärntner Erschütterungen gewesen sein dürften, so ist das letztere gewiss von Krain ausgegangen und nach Kärnten fortgepflanzt worden.

1857.

1. Im Beginn des Jahres wurde mehrmals das Canal-Thal (7. Jänner, 10. und 17. Februar) in rascher Folge erschüttert; in dieselbe Periode (31. Jänner) fällt auch ein ausgedehnteres Beben, welches in der Nähe von Parma sein Centrum besass.

2., 9. Februar. Es wurden Klagenfurt und Althofen leicht erschüttert; daraus kann geschlossen werden, dass die Stosslinie Klagenfurt-Friesach abermals thätig war.

3. Am 7. März wurde ganz Kärnten erschüttert; in Rosegg bekamen einige Häuser Risse, ein Schornstein ist theilweise eingestürzt; daselbst erreichte das Beben in Kärnten seine höchste Intensität.

Ausserhalb Kärntens wird hierüber berichtet von Laibach (einige Mauern erhielten Risse), Adelsberg und Planina, Cilli, Agram, Fiume, Triest, Capodistria, Venedig, Veglia und Padua, während von Graz, Wien und Ragusa negative Berichte vorliegen.

Die im Erdbebencataloge mitgetheilten Materialien zeigen blos, dass man es hier mit einem sehr ausgedehnten Beben zu thun hat; die detaillirten Mittheilungen von Kärnten allein können somit unmöglich ausreichen, die Erscheinung in ihrer Totalität richtig zu analysiren, sobald die Angaben von den Nachbarprovinzen so nothdürftig vorliegen. Es kann deshalb auch nur hervorgehoben werden, dass die beiden Orte (Rosegg und Laibach), von welchen Mauerrisse gemeldet werden, jenen beiden in ihrer Verlängerung zusammenfallenden Stosslinien angehören, welche durch Gmünd in Kärnten und Auersperg in Krain markirt sind.

4., 25. December. Hiemit beginnt jene Reihe von Beben, welche in der Umgebung von Rosegg ihre Centren hatten und häufig ganz localisirt blieben.

An dem genannten Tage fühlte Rosegg ein so heftiges Beben, dass fast alle Mauern des Ortes bedeutende Beschädigungen erhielten. Nach den vorliegenden Berichten zu urtheilen, scheint Ossiach unter den Orten im weitern Umkreise am heftigsten erschüttert worden zu sein; aus ihnen folgt auch, dass sich das Beben vorwiegend in der Richtung gegen NNO. ausgedehnt hat, womit auch die früher erwähnte Intensitätsangabe befriedigend übereinstimmt. Wir hätten somit von Rosegg aus eine Stosslinie in der Richtung gegen NNO. zu ziehen, mit welcher jene Görz-Himmelberg (1850) zusammenfällt. Verlängert man diese Stosslinie weiter nach NNO., so trifft sie die Gegend von Lietzen und Admont (Obersteier), und Windisch-Garsten (Oberösterreich), woselbst wenige Stunden zuvor Erdbeben auftraten, während von zwischenliegenden Orten keine diesbezüglichen Nachrichten einliefen.

Nach dem 25. December wurden in der Umgebung Roseggs Erdstösse gefühlt am: 28. December (11ʰ 45ᵐ A. M.), 29. December (1ʰ 30ᵐ P. M.) 1857; ferner 1858: 8. Jänner (4ʰ 45ᵐ und 9ʰ 30ᵐ A. M.), 9. Jänner (5ʰ 30ᵐ P. M.), 2. April (11ʰ 25ᵐ A. M.), 3. April (bald nach 12ʰ P. M., 1ʰ 30ᵐ P. M.), vom 3. bis 13. April 13 Beben, an welchem letztgenannten Tage um 12ʰ 25ᵐ A. M. diese höchst interessante Reihe der scheinbar localen Erderschütterungen abgeschlossen wurde. Hoffmann berichtet, dass in Rosegg alle diese Bewegungen von SW. nach NO. verliefen, was auch in den amtlichen Berichten des Rosegger Bezirksgerichtes, zum wenigsten für die Mehrzahl der Beben, bestätiget wird. Überdies zählt Hoffmann die Orte auf, welche die Rosegger Beben gleichfalls empfanden; construirt man auf dieser Basis das Schüttergebiet, so ergibt sich eine in die Länge gestreckte elliptische Figur, deren kleine Axe (Pirk-Goriutschach) bei 1800 Klafter, und deren grosse mindestens 4000 Klafter misst; letztere, die Stosslinie dieser Erschütterungsreihe, ist vom SSW. nach NNO. gerichtet. Der Mittelpunkt läge in der Gegend von Winkel, an welcher Stelle sich die Dobratsch-Linie (1348) mit jener Stosslinie schneidet, welche bereits durch das Beben im Jahre 1857 (25. December) constatirt wurde und mit der früher erwähnten langen Axe, der jüngsten Erschütterungsperiode, zusammenfällt.

Wenn aus dem Schüttergebiete abgeleitet wurde, dass die Beben von einer Stosslinie, die von SSW. nach NNO. streicht, ausgingen, so muss es um so mehr überraschen, dass gleichzeitig, während Rosegg täglich erschüttert wurde (2. bis 13. April), in Niederösterreich, Josefsthal bei Litschau, im südöstlichen Theile des böhmischen Massivs am 8. und 10. April Beben auftraten, in einer Gegend, in welche die Verlängerung der Rosegger Stosslinie fällt und die Fortsetzung der Linie Rosegg-Admont (25. December 1857) bildet.

Die amtlichen Berichte erwähnen unter Anderem auch, dass am 2. April Ferlach und dessen Bezirk erschüttert wurde; da hiedurch eine Verwechslung mit jenem Ferlach, welches südwestlich von Rosegg liegt, ausgeschlossen ist, so liegt hier die Vermuthung nahe, dass an diesem Tage auch die Dobratsch-Linie activ gewesen sei, was mit Rücksicht auf die früher erwähnte Eigenthümlichkeit des Centrums bei Winkel gar nicht befremden kann.

8 *

10. October 1858.

Es wurden erschüttert: St. Jacob im Lessach-Thale, Sachsenburg, Tarvis und Raibl; die Angaben sind dürftig, das hieraus construirte Schüttergebiet lässt keine Entscheidung über die Lage der Stosslinie zu, um so weniger, als jedwede Intensitätsangabe mangelt. Da St. Jacob bereits am 7. Mai bebnete, so könnte vermuthet werden, dass der westliche Theil der Dobratsch-Linie (Gail-Thal) activ war; doch die erwähnte Thatsache ist durchaus nicht beweisend.

16. Februar 1860.

Nachdem am 31. Jänner Rosegg erschüttert ward, tritt am 16. Februar ein Beben auf, welches insbesondere in Klagenfurt stark, jedoch auch am Christofhof, in Wasserhofen und an der Petzen empfunden wurde. Alle diese Orte, von West nach Ost gereiht, entsprechen dem östlichen Theile der Dobratsch-Linie; wenn auch Klagenfurt nicht unmittelbar daran liegt, so ist es doch nur eine Meile davon entfernt. Der Focus scheint südlich von Klagenfurt gelegen gewesen zu sein, das Beben pflanzte sich vorwiegend in östlicher Richtung fort, kam jedoch nur bis zur Petzen, da von Liescha ein negativer Bericht vorliegt. — Jene beiden Beben lassen ein deutliches Wandern des Focus von West nach Ost innerhalb der Dobratsch-Linie erkennen, eine Eigenthümlichkeit mancher Erderschütterungen, auf welche bekanntlich zuerst E. Suess hinwies und für die süditalienischen Beben in eclatanter Weise constatirte.

13. September 1860.

Es liegt uns nur die Nachricht vor, dass zur gleichen Zeit St. Jacob im Lessach-Thale und Obervellach im Möll-Thale erschüttert wurden; Mittheilungen aus dem dazwischenliegenden Gebiete fehlen. Wenn auch eine Stosslinie, welche jene beiden Orte verbindet, vermuthet werden kann, so ist jedoch das Beweismateriale für sich allein unzureichend.

30. October 1860.

Das Erdbeben hatte sich, soweit die dürftigen Nachrichten reichen, in Neumarkt (Steiermark, nahe an der Kärntner Grenze) am heftigsten geäussert; es wird hierüber aus Kärnten nur von St. Jacob im Gurk-Thale, einer meteorologischen Station, berichtet; Zeitungsnachrichten fehlen. Neumarkt fällt in die nördliche Verlängerung der Stosslinie Klagenfurt-Friesach; St. Jacob eine Meile hievon westlich; es ist somit zu vermuthen, dass das Beben von dem erwähnten Theile der Stosslinie ausging.

11. und 21. Juni 1861.

An beiden Tagen wurde Liescha, welches in die östliche Fortsetzung der Dobratsch-Linie fällt, erschüttert; das zweite Beben war intensiver, folglich auch ausgedehnter (Bleiburg, Schwarzenbach).

Jänner 1862.

Vom 1. bis 25. Jänner trat eine Erdbebenperiode ein, welche das Weidisch- und Zeller-Thal (Ferlach, Weidisch, Zell) an dreizehn Tagen erschütterte; diese Beben blieben meist localisirt und scheinen bei Zell ihren Ausgangspunkt gehabt zu haben. Bei dieser Gelegenheit erinnern wir an eine ähnliche Erscheinung im Jahre 1833; damals war bei Zell der Focus, das Bad Vellach wurde mit erschüttert. Auch diesmal bebnete letzteres fünfmal (1., 10., 16., 18. und 25. Jänner), und zwar, mit einer Ausnahme, gleichzeitig mit den erwähnten Orten. Hieraus muss auf eine auffallende Verbreitung der Erschütterungen von W. nach O. geschlossen werden. Zell liegt am Nordfusse der Koschutta, gekennzeichnet durch einen Aufbruch von paläozoischen Schichten, welcher in östlicher Fortsetzung nach Kappel und Schwarzenbach streicht; ein Gleiches ist am Südfusse des genannten Felskammes der Fall, die östliche Fortsetzung trifft das Bad Vellach; ich vermuthe deshalb, dass der Focus hier, und zwar südlich von Zell gelegen war; leider fehlen Angaben von dem angrenzenden Theile Krains, um diese Frage endgiltig entscheiden zu können. Doch mag die Stosslinie mit dieser oder jener der beiden sehr nahe gelegenen westöstlichen Bruchlinien zusammenfallen, in der Wesenheit wird unsere Anschauung nicht alterirt.

Dass sich die Beben, von der Koschutta ausgehend, auch gegen Westen fortpflanzten, kann aus den, wenn auch etwas allgemein gehaltenen Angaben von Rosegg gefolgert werden. Wir haben es somit hier mit einer Stosslinie zu thun, welche dem östlichen Theile der Dobratsch-Linie in geringer Entfernung gegen Süden vorliegt und mit ihr parallel verlauft.

Wenn hie und da auch Klagenfurt und Umgebung (z. B. Tigring) erschüttert wurde, so lässt sich diese Erscheinung naturgemäss auf eine etwas grössere Intensität des jeweiligen Bebens zurückführen.

27. Mai 1862.

Die hierüber mitgetheilten Daten, sowie jene über das ebenfalls sehr ausgedehnte Beben am Vortage, sowie die Erschütterung Kufsteins am 28. Mai weisen darauf hin, dass diese drei Beben ihren Herd in Tirol hatten. Berücksichtigt man, dass Sillian in Tirol und Heiligenblut in Kärnten am stärksten erschüttert wurden, so müsste man durch die beiden Orte eine nach NO. gerichtete Stosslinie legen.

7. Juni 1862 bis 12. September 1866.

An erstgenanntem Tage wurde Maltein erschüttert, welches in der Fortsetzung der Stosslinie Villach-Gmünd liegt; von diesem Orte werden überdies locale Beben gemeldet vom 19. Jänner, 23. Juni und 26. December (?) 1864, vom 20. März 1865 und 12. September 1866; die Erschütterungen scheinen, obwohl sie so häufig auftraten, nie über das Malta-Thal hinausgegriffen zu haben.

Wir glaubten, auf diese Erdbebenlinie aufmerksam machen zu sollen.

Dobratsch-Linie 1863 und 1865.

Die Erschütterungen Arnoldsteins und Umgebung am 18. Juli 1863 weisen auf den berühmten Herd am Südabfall des Dobratsch hin; hingegen dürfte die Erschütterung des Canal-Thales am 13. October 1863 auf die Tagliamento-Linie zurückzuführen sein, wenn man nicht eine eigene, der Dobratsch-Linie gegen S. vorliegende Canal-Thal-Linie annehmen will, wozu jedoch nach den bisherigen Erfahrungen noch jedweder zwingender Grund fehlt. Das Beben am 13. November 1864 erstreckte sich längs des ganzen Lessach-Thales, der westlichen Fortsetzung des Gail-Thales, von welch' letzterem jedoch keine Nachrichten einliefen, wohl jedoch von Saifnitz. Am 25. December 1864 war der östliche Theil der Dobratsch-Linie von Rosegg bis zum Rechberg (nördlich von Eisenkappel) activ, und hatte beiläufig in der Mitte dieser Länge, bei Ferlach, ihren Focus. Am 7. Juni 1865 finden wir Bleiberg, also die unmittelbare Nähe des Dobratsch, erschüttert, am 21. Juni d. J. Klagenfurt, am 16. September Eisenkappel, am 19. September Ferlach und am 29. November 1865 Köttmannsdorf.

Es wanderte somit innerhalb dreier Jahre der Focus vom Dobratsch zuerst nach W., sprang dann auf den östlichen Theil (Ferlach) der Dobratsch-Linie über, ging zum Dobratsch zurück, sprang dann wieder nach O., hin in die Gegend des Rechberges (nördlich von Eisenkappel) und wanderte von hier abermals westwärts zurück, dabei in der weiteren Umgebung Ferlachs verweilend.

7. März 1867.

Auf Basis der aus Kärnten, Salzburg und Tirol vorliegenden Mittheilungen ergibt sich ein elliptisches Schüttergebiet, dessen Längsaxe von SW. nach NO. gerichtet ist; von Tirol liegt leider nur eine Nachricht (Windischmatrei), von Salzburg liegen nur drei Angaben vor, so dass das Schüttergebiet entweder mehr nach W. oder nach N. ausgebaucht sein kann; dadurch würde die grosse Axe entweder durch Luggau oder durch St. Jacob (Lessach-Thal) gehen (eine Winkeldifferenz von 20°), doch würde sie in beiden Eventualitäten Obervellach oder dessen nächste Umgebung treffen.

Als am stärksten erschüttert werden angegeben: Obervellach, woselbst auch am andern Tage ein Nachbeben gefühlt wurde, und die Umgebung der Hochalmspitze. Diese Intensitätslinie entspricht vollends jener Lage der grossen Axe des Schüttergebietes, welche im SW. durch St. Jacob gezogen wurde. Wir müssen also die letztere als die wahrscheinlichere festhalten, so dass für dieses Beben eine Stosslinie St. Jacob-Obervellach (oder Hochalmspitze) angenommen werden muss. Diese Stosslinie war auch am 13. September 1860 thätig, kannte jedoch dazumal nur angedeutet werden, da zu wenig Beobachtungsmateriale vorlag. Verlängert man die Linie St. Jacob-Obervellach, so trifft dieselbe im nordwestlichen Theile Niederösterreichs Waldhofen an der Thaya, somit jene Gegend des böhmischen Massivs, welche für alle Kärntner-NO.-Querlinien das Centrum zu sein scheint.

Dobratsch-Linie 1867.

Das Beben am 25. März scheint local auf die nächste Umgebung des Dobratsch beschränkt geblieben zu sein.

Am 22. Mai wurden Bleiburg schwach, Schwarzenbach, St. Michel und Liescha stärker erschüttert; die beiden letzteren Orte entsprechen der östlichen Fortsetzung der Dobratsch-Linie, während Schwarzenbach etwas südlich liegt. Es scheint somit der Focus plötzlich vom Dobratsch bis in die Gegend von Liescha gegangen zu sein, eine Wanderung, die in der Geschichte der Kärntner Erdbeben durchaus nicht vereinzelt dasteht. Es muss hervorgehoben werden, dass mehrere Beben fast stets dasselbe Gebiet im südlichen Theile Kärntens erschütterten, und dass das Beben in Bleiburg schwächer, als in Schwarzenbach oder Liescha empfunden wurde, ja der erstgenannte Ort wird in manchen Berichten als die nordwestliche Grenze angegeben. Diese Erschütterungen blieben stets localisirt.

16. September 1867.

Der nordöstliche Theil des Gurk-Thales wurde ziemlich heftig erschüttert; durch dieses kleine Schüttergebiet geht fast inmitten die Stosslinie Friesach-Klagenfurt. Ob sich das Beben in dieser Richtung weiterhin ausbreitete, ist wegen Mangel an hinreichendem Beobachtungsmateriale nicht zu constatiren; dass es sich jedoch nicht nach Osten ausbreitete, beweisen die negativen Berichte von Hüttenberg und Lölling.

29. October 1867 bis 21. December 1869.

Während dieses Zeitraumes wurde nur Oberkärnten, und zwar anfänglich in seinem südlichen, dann in seinem mittleren und endlich in seinem nördlichen Theile erschüttert, und zwar: 1. am 9. October 1867 Tarvis; 2. am 23. August 1868 Berg; 3. am 11. September 1868 Pontafel; 4. am 12. September 1868 Berg; 5. am 12. Februar 1869 Pontafel, Würmlach und Berg; 6. am 7. bis 8. September Berg; 7. am 16. October Maltein, St. Peter, Gmünd und Sachsenburg; 8. am 20. December 1869 Gmünd, Maltein und St. Peter.

Die ad 7 angegebene Erschütterung lässt erkennen, dass sie sich auffallend längs des Lieser-Thales erstreckte; wir müssen somit dem entsprechend eine Stosslinie einzeichnen, welche ganz genau in die nördliche Verlängerung der Tagliamento-Linie fällt. Diese machte sich in der vorstehenden Reihe der Beben ebenfalls geltend, so z. B. in Pontafel (3); nach Tarvis (1) kann unter der Voraussetzung unvollständigen Materiales ebenfalls hierauf bezogen werden. Auffallend bleiben die häufigen Erschütterungen, welche von Berg gemeldet werden, doch können, da meist andere Angaben fehlen, keine Schlüsse hierauf basirt werden. Das ad 5 genannte Beben könnte auf den westlichen Theil der Dobratsch-Linie bezogen werden, doch ist auch diese Vermuthung nicht genügend durch die Nachrichten unterstützt. Sieht man von den Erschütterungen Berg's ab, so erkennt man sofort, dass der Focus der Tagliamento-Linie und ihrer nördlichen Verlängerung von Süden nach Norden wanderte, zuerst in der Gegend von Pontafel war (3), dann im Lieser-Thale (7) und endlich in dessen oberem Theile (8) die Landesgrenze erreichte.

1870.

Die beiden Beben dieses Jahres blieben, wie es scheint, auf Klagenfurt und Feldkirchen localisirt, während in Istrien die Reihe jener Erschütterungen auftreten, welche unter dem Namen „Erdbeben von Klana" allgemein bekannt sind; dieselben stammen mit Kärnten in keiner directen Beziehung.

14. August 1871.

Als erschüttert werden genannt: Flitsch, Raibl, Luschariberg, Pontafel; dieses kleine, von Ost nach West gestreckte Gebiet hatte den Focus der Wirkung in Raibl. Die Angaben sind nicht geeignet, um hieraus weitere Schlüsse zu ziehen.

12. März 1873.

Es wurden erschüttert: Pontafel, Saifnitz und Sachsenburg. Diesem Verbreitungsgebiete entspricht die Tagliamento-Linie und deren nördliche Fortsetzung.

29. Juni 1873.

Dieses Beben, welches fast ganz Kärnten erschütterte, bei Bellnwo seinen Herd hatte und nach diesem benannt wird, habe ich einer eingehenden Studie unterzogen, welche in den Sitzungsberichten der kaiserlichen Akademie der Wissenschaften, LXXIV. Band, 1876, veröffentlicht wurde; es sei mir gestattet, auf diese Arbeit hinzuweisen.

30. Mai bis 1. Juni 1875.

Die entweder gleichzeitige oder höchstens um einen Tag differirende Erschütterung von Hermagor und Berg weist auf die Thätigkeit der Gitsch-Thal-Linie hin; diese wird im Nachstehenden näher präcisirt werden.

22. October 1876, seine Vor- und Nachbeben. (Hiezu Taf. III.)

Eine häufig beobachtete Thatsache ist die, dass eine Gegend von einer ganzen Reihe von Erdbeben getroffen wird. Häufig treten zuerst leichtere Erderschütterungen auf, nach mehreren Stunden, Tagen oder Wochen erfolgt ein Stoss, welcher sich nicht blos durch Zerstörungen oder Bewegungen, sondern auch durch sein auffallend weit ausgedehntes Schüttergebiet gegenüber seinen Vorgängern abhebt; ihm folgen abermals eine Reihe leichterer Stösse. Hie und da tritt ein Hauptbeben, ohne von Vorbeben angekündigt zu sein, plötzlich auf, meist jedoch folgen diesem Nachbeben von wechselnder, im Allgemeinen jedoch abnehmender Intensität.

Die Centren dieser Vor- und Nachbeben fallen manchmal mit dem Herd oder den Herden des Hauptbebens zusammen, häufig jedoch auch nicht, so dass dann ein völliges Wandern der Centren stattfindet, mit andern Worten, dass der Ort wechselt, an welchem die variable, Erdbeben erzeugende Kraft die verschiedenen Widerstände überwindet. Es ist somit ein ganzes Gebiet dem Angriffe jener seismischen Kraft unterworfen, und wir müssen uns gestehen, dass zur Erklärung jener Thatsachen, wie sie sich beispielsweise während der Herzogenrather Erdbeben (1873 und 1877) besonders klar zeigten, unmöglich jene Erklärungsarten, wie z. B. durch Höhleneinsturz, ausreichen, welche den Herd des Bebens so enge localisiren.

Abgesehen von dem aus Raibl unter dem 17. September gemeldeten Erdbeben ging dem Hauptbeben am 22. October etwa neun Stunden früher, eine enger begrenzte Erschütterung voraus, welche, wie aus den vorliegenden Nachrichten zu urtheilen ist, seinen Herd im Resia- oder Raccolana-Thale gehabt hat. Wie wir weiter unten beweisen werden, waren die beiden Herde des Hauptbebens abermals anders gelagert, und die Nachrichten über das Nachbeben am 28. Jänner lassen auf den ersten Blick erkennen, dass diesmal der Herd bedeutend nach S., etwa in die weitere Umgebung von Udine, gewandert war. Wir müssen somit bekennen, dass während eines Zeitraumes von sechs Tagen das ganze Gebiet zwischen Hermagor und Udine dem Angriffe einer erhöhten seismischen Kraft ausgesetzt war, die sich dort sogenannte Herde oder Centren schuf, wo sie die Widerstände momentan überwältigen konnte.

Bezüglich des Hauptbebens liegen uns mehrere Zeitangaben vor, welche besonderes Vertrauen verdienen; es sind davon vier von Telegraphenstationen, welche kaum eine Stunde zuvor das Zeichen zum Uhrenvergleiche erhielten, und somit genaue Zeiten bekamen. Der Angabe des Herrn Dechant Ferénik in Saifnitz legen wir ebenfalls ein ganz besonderes Gewicht bei, da der Genannte durch viele Jahre hindurch ein sehr sorgfältiger meteorologischer Beobachter ist, behufs der Beobachtung von Phänomenen stets bemüht war, genaue Zeit zu führen und häufig seine Taschenuhr auf Stand und Gang vergleicht.

Weniger verbürgt sind die Zeitangaben von Resia und Raccolana, welche sich jedoch bei unseren Constructionen als verlässlicher erwiesen, als man anfänglich glaubte.

In nachstehender Zusammenstellung, in welcher T. = Telegraphenstation, R. = römische, W. = Wiener und P. = Prager Zeit bedeutet, haben wir jene Zeitangaben gegeben und auf einen einheitlichen Meridian bezogen, welche bei der Construction der Homoseisten oder einzelner Fragmente hievon verwerthet werden dürfen. In einer besonderen Rubrik haben wir die wahrscheinlichen Fehlergrenzen eingesetzt, in welchen sich die Zeiten, die nicht bis auf Secunden genau angegeben sind, wahrscheinlicherweise bewegen.

	Ursprüngliche Zeitangabe	Wiener Zeit	Fehlergrenzen
Gemona T..	8ʰ56ᵐ50ˢᵉᶜ R.	9ʰ12ᵐ20ˢᵉᶜ	0ˢᵉᶜ
Resia	8 58 — R.	9 13 30	±30
Raccolana . . .	8 57 — R.	9 12 30	30
Moggio T. . . .	8 56 30 R.	9 12 0	15
Pontafel T. . .	9 11 56 W.	9 11 56	0
Saifnitz . . .	8 57 — P.	9 4 54	30
Hermagor T. . .	9 4 45 W.	9 4 45	0

Diese Zeiten lassen deutlich zwei Gruppen erkennen; die eine bezieht sich auf Saifnitz und Hermagor im nordöstlichen Theile des Schüttergebietes, die andere auf Venetien und Pontafel, letzteres unmittelbar an der Reichsgrenze liegend.

Die Angaben von Saifnitz und Hermagor sind fast ganz gleich, ja auch nahezu gleich, wenn man selbst die Fehlergrenze für Saifnitz berücksichtigt. Es fragt sich, ob man für beide Orte zwei gleichzeitige centrale Beben annehmen soll, oder ob diese etwa ein und derselben Stosslinie angehören, so dass hier ein transversales Beben vorliegt.

Beachtet man die auffallende Auslappung des Schüttergebietes von Hermagor nach NW., so kann man sich hiefür unter Beachtung aller localen Verhältnisse keine andere Erklärung als die geben, dass dieselbe durch eine Stosslinie bedingt wurde, welche innerhalb, circa inmitten, dieser Ausbauchung liegt. Verlängert man diese Linie nach SO., so trifft sie Saifnitz; damit stimmt auch der Verlauf der nordöstlichen Begrenzung des Verbreitungsgebietes überein. Auch wurde das Beben an den beiden Orten so auffallend ähnlich empfunden, dass der Schluss nahe liegt, es müsse auch die Quelle der Erscheinung dieselbe sein; ich lasse deshalb die von diesen zwei Orten vorliegenden Berichte, so weit sie sich auf die Art der Erschütterung beziehen, wortgetreu folgen. Saifnitz: .... ich (Ferénik) bemerkte mit Bestimmtheit, dass der erste Stoss von unten nach oben erfolgte, hierauf ein Stoss von N. (doch nicht ganz reiner Nord, sondern etwas östlicher) und nach SW. ging und in umgekehrter Richtung zurück. Die Erschütterung dauerte beiläufig drei, höchstens fünf Secunden." Hermagor: ... „es wurden drei Stösse beobachtet, worunter der erste und dritte gleich stark, der zweite schwächer war. Nach mehrseitig eingehobenen Erkundigungen soll zuerst ein Stoss von unten und dann eine Wellenbewegung erfolgt sein. Das Beben dauerte drei bis vier Secunden."

Die Thatsache, dass Saifnitz und Hermagor zuerst einen Stoss von unten empfanden, lässt uns vermuthen, dass sie der Stosslinie selbst sehr nahe gelegen sein mussten.

Diese nun constatirte Stosslinie, welche von Saifnitz über Hermagor längs des Gitsch-Thales läuft, und durch letzteres auch orographisch markirt wird, ist auch geologisch ausgeprägt, indem sie die Esino-Kalke, welche hievon östlich liegen, plötzlich schräg abschneidet. Die Stosslinie trifft in ihrer nordwestlichen Verlängerung zwischen Greifenburg und Berg das Drau-Thal. Es sind uns nun die häufigeren Erschütterungen von Berg innerhalb des Zeitraumes vom 23. August 1868 bis 8. September 1869 erklärlich, während welchem auch die Tagliamento-Linie ebenso wie bei dem in Rede stehenden Beben thätig war. Die Stosslinie, die wir nach dem Gitsch-Thale benennen wollen, ist nahezu parallel zu der Linie Villach-Gmünd.

Die fünf anderen Stosszeiten, die, wie gesagt, sich auf Venetien beziehen, stimmen fast vollends überein, insbesondere die von Telegraphenstationen stammenden, wovon zwei auf Secunden genau sind, während Moggio seine Zeitangaben ebenfalls eng begrenzt (zwischen 8ʰ56ᵐ und 8ʰ57ᵐ); aus diesen drei nur um Secunden differirenden Angaben, die fast ein und derselben Homoseiste angehören, lässt sich constatiren, dass hieraus selbst unter den hiefür günstigsten Verhältnissen kein centrales Beben abgeleitet werden kann. Unwillkürlich drängt sich uns die Überzeugung auf, dass im vorliegenden Falle das Fragment der Homoseiste zwischen

Pontafel, Moggio und Gemona entweder eine Gerade sein müsse, oder einer Curve von einem so grossen Krümmungsradius angehöre, dass deren Centrum ausserhalb des Schüttergebietes liegt, und dass sie als annähernd gerade Linie angenommen werden kann.

Ich habe es versucht, unter Zugrundelegung des Maximal-, Minimal- und Durchschnittswerthes der Zeitangabe von Moggio, Gerade einzuzeichnen, wobei berücksichtigt wurde, dass die Linie der geringsten Zeitangabe sowohl westlich, als auch östlich von dem genannten Orte vorbeistreichen kann. Durch derartige Constructionen fand ich, dass diese Eventuallinien einen kleinen Winkel einschliessen, so dass es sich nur darum handelt, ob sie nach NO. oder zwischen NO. und NNO. streichen. Da zwei solche Linien, und zwar eine, welche voraussetzt, dass Moggio den Stoss von West, die andere von Ost empfangen habe, fast ganz zusammenfallen, so habe ich hievon nur die letztere, welche die grösste Wahrscheinlichkeit besitzt, in Taf. III eingezeichnet; sie fällt mit der Tagliamento-Linie, die wir schon so vielfältig in ihrem weitesten Verlaufe constatiren konnten, zusammen; bei diesen Nachweisen haben wir uns der verschiedenartigsten Methoden der Construction der Stosslinie bedient und kamen stets zu gleichem Resultate, so dass die Tagliamento-Linie auch desswegen von besonderem Interesse ist.

Würde man statt einem transversalen Beben ein lineares, ein fortschreitend centrales annehmen, so müsste das Centrum von Pontafel nach SW. streichend, eine Geschwindigkeit von 1_1 geographische Meile per Secunde besessen haben; die Bewegungsrichtung würde nach jener früher construirten Geraden erfolgen, wir bekämen somit dieselbe Stosslinie.

Interessant ist die Thatsache, dass unter allen Umständen die Stösse längs der Gitsch-Thal-Linie um mehrere Minuten über Tags früher empfunden wurden, als längs der Tagliamento-Linie. Ob jedoch der Anlass zum Beben innerhalb der Erdkruste nicht etwa gleichzeitig stattfand, ist eine zweite Frage, die auch mit vieler Wahrscheinlichkeit mit „Ja“ beantwortet werden muss. Hiezu führt uns folgende Betrachtung:

Das Schüttergebiet der Gitsch-Thal-Linie, der Stosslinie entsprechend, sehr in die Länge gezogen, hingegen ist die Ausdehnung hierauf senkrecht sehr schmal, circa $^1/_2$ geographische Meile von der Stosslinie bis zur Grenze des Schüttergebietes; hingegen ist die analoge Distanz in Venetien 2^3_4 Meilen, hier also 5^1_2 mal grösser als dort. In einem ähnlichen Verhältnisse stehen bei transversalen Beben auch die Intensitäten für die Einheit der Stosslinien und -Flächen. Nachdem jedoch die Intensitätsangaben von jenen Orten, welche sich über die Tagliamento-Linie befinden, mit jenen von der Gitsch-Thal-Linie nicht bedeutend differiren, so müssen wir annehmen, dass die Bewegung der ersteren von grösserer Tiefe ausging, als jene der letzteren, somit auch bei gleichzeitiger Auslösung des Stosses längs der Gitsch-Thal-Linie früher gefühlt werden konnte, als in Venetien. Bezüglich der Begrenzung des Schüttergebietes, welche für Kärnten einen seltenen Grad der Genauigkeit besitzt, müssen wir bedauern, dass nicht auch ähnlich genaue Angaben von Venetien vorliegen, wesshalb hier die Grenzen nur annähernd genau eingezeichnet werden konnten; es ist uns aus diesem Grunde unmöglich, eine auf Thatsachen basirte Erklärung für die eigenthümliche Auslappung des Verbreitungsbezirkes gegen NW. (Lagan) zu geben.

20. Jänner 1877.

Es wurde St. Leonhard erschüttert; das Beben scheint auf das obere Lavant-Thal beschränkt gewesen zu sein. Es ist jedenfalls höchst eigenthümlich, dass vom Lavant-Thale so wenige Beben gemeldet werden, obzwar z. B. in St. Paul seit 1847 eine meteorologische Station besteht. Nur bei ausgedehnteren Beben schwingt dieses Gebiet mit, und nur das obere Thal ist, wenn auch selten, der Herd eines Bebens, welches jedoch immer auf dieses kleine Gebiet beschränkt bleibt.

Diese Eigenthümlichkeit wird um so greller, wenn man bedenkt, dass dieses Thal den einzigen Basaltkegel Kärntens birgt, und dass in ihm mehrere Säuerlinge (z. B. der weitbekannte Preblauer) hervorquellen, welche man doch von so vielfacher Seite als die letzten Zeichen einer vulkanischen Thätigkeit erklärt.

Jänner 1877.

Die am 25., 26. und 27. dieses Monates in Pontafel verspürten Beben waren wenig ausgedehnt; sie hatten in der Umgebung dieses Ortes ihren Sitz, und gehören somit der Tagliamento-Linie an. Am erstgenannten Tage war die Erschütterung bis nach Moggio und Tolmezzo ausgedehnt, doch dort viel schwächer und im erstgenannten Orte auch um eine Minute später als in Pontafel, wo der Stoss von unten nach aufwärts wirkte, wahrgenommen.

4. April 1877.

Nachdem dieses über Unterkärnten, Untersteiermark, Krain und Croatien ausgedehnte Beben seinen Herd nicht in Kärnten liegen hatte, und mir aus diesem Schüttergebiete eine sehr beträchtliche Zahl von Beobachtungen vorliegt, so halte ich es für angezeigter, über dieses Erdbeben eine eigene Monographie zu veröffentlichen.

29. und 30. September, 2., 27. und 28. December 1877.

An diesen Tagen wurde Neumarkt (Steiermark) erschüttert, ja am letztgenannten Tage derart, dass Mauerrisse auftraten und das Beben bis Judenburg gefühlt wurde. Neumarkt gehört der Verlängerung der Stosslinie Klagenfurt-Friesach an, nach welcher sich die Erschütterungen südwärts nur unbedeutend fortgepflanzt haben dürften, da von Kärnten gar keine Nachrichten vorliegen.

Weitere Untersuchungen über die Stosslinien in den südlichen Kalkalpen und deren Zusammenhang mit entfernteren Stossgebieten.

(Hiezu Taf. II.)

In Kärnten, zum Theile auch in dem angrenzenden Krain, Küstenland und Venetien lässt sich ein System von Stosslinien nachweisen, welches in seiner Zusammensetzung eine gewisse Gesetzmässigkeit beurkundet. Die einzelnen Stosslinien documentiren sich nicht blos durch Eine Erderschütterung, sondern zeigen sich im Laufe vieler Jahrhunderte als constante Erdbebenherde. Und je häufiger ein und dieselbe Linie activ war, um so grössere Bedeutung muss ihr beigelegt werden, denn sie zeigt sich damit als Trägerin häufig wiederkehrender dynamischer Vorgänge innerhalb der Erdkruste, und durch das Wiederkehren derselben oder ähnlicher Erscheinungen längs dieser Stosslinie ist es möglich, ihren Verlauf genauer zu bestimmen, und werden die etwaigen Zweifel behoben die man in Ihre Existenz, oder in die Richtigkeit ihrer räumlichen Lage setzen könnte. Es ist somit die Anzahl derjenigen Beben, welche übereinstimmend auf dieselbe Stosslinie verweisen, als das „Gewicht" der Beobachtung anzusehen.

Ein und dieselbe Stosslinie wurde in ihren temporären Äusserungen nach verschiedenen Methoden bestimmt; häufig zeigte sich das Schüttergebiet auffallend nach einer bestimmten Richtung gestreckt, diese Längsaxe war die Stosslinie; in einem anderen Falle dienten hiezu die Isoseisten, insbesondere jene, welche unverkennbar eine lineare Ausdehnung des Gebietes grösster Zerstörung darstellten; dieser Vorgang musste insbesondere bei den Beben der vorhergegangenen Jahrhunderte angewendet werden. Eine dritte Methode basirt auf den Homoseisten, welche sich nicht kreisförmig, sondern nach einer Axe in die Länge gestreckt darstellen; das hiezu nothwendige Beobachtungsmateriale wurde selten, erst in dem jetzigen Decennium, geliefert. Gewiss wird das „Gewicht" einer Stosslinie dadurch wesentlich erhöht, wenn sie durch diese verschiedenen Untersuchungsarten bei verschiedenen Beben übereinstimmend nachgewiesen wurde.

Eine vierte Methode zur Bestimmung der Stosslinien, die darin besteht, habituelle Stossgebiete zu verbinden, wurde für Kärnten, einem verhältnismässig kleinen Lande, nicht angewendet, indem, falls kein anderer zwingender Fingerzeig für die Richtung der einzelnen Stosslinien gegeben ist, sehr leicht Willkürlichkeiten Platz greifen müssten, welche Irrthümer erzeugen und die so überaus fruchtbare Idee E. Suess' in dem vorliegenden concreten Falle brachlegen würden. Bei gleichzeitigen Erschütterungen entfernter Gebiete wurde diese Methode in Anwendung gebracht, und zwar nur dann, wenn die auswärtigen Stossgebiete mit jenen Kärntens entweder in zeitlicher Abhängigkeit, oder in räumlicher Verwandtschaft standen.

Die Stosslinien Kärntens zeigen eine auffallende, ja bisher geradezu einzige Gesetzmässigkeit, ihre Richtung ist entweder O.—W., SO.—NW. oder zur weiteren Umgebung von Waldhofen an der Thaya (Nieder-Österreich) radial; letztere sind in Unterkärnten fast genau nach S.—N., in Oberkärnten von NW. nach NO. gerichtet.

Die Ost-West-Linien entsprechen dem allgemeinen Streichen der Gebirgsschichten, und auch den orographischen Grundzügen des Landes; wir heissen sie deshalb Längslinien. Aus gleichem Grunde, müssen die nach NW. oder nach NO. bis N. streichenden Stosslinien als Querlinien angesehen werden.

Der Anzahl nach sind, selbst unter Berücksichtigung der vorherrschend ost-westlichen Ausdehnung des Kronlandes, die N.- und NO.-Querlinien vorherrschend; der Intensität nach, insbesondere, wenn man die zerstörende Wirkung an Gebäuden im Auge behält, nehmen sie jedoch in Kärnten den letzten Rang ein. Der Zahl nach folgen diesen N.- und NO. Stosslinien die ost-westlichen, welche bezüglich ihrer Intensität als die Herde der grossartigsten Verwüstungen angesehen werden müssen. Nordwest-Linien sind nur zwei sicher nachzuweisen, wovon eine bezüglich ihrer zerstörenden Wirkungen von Bedeutung ist. In Krain jedoch, wohin sie fortsetzen, sind sie mit Rücksicht auf den Bau des Landes Längslinien, und haben sich daselbst durch ihre gewaltigen Zerschütterungen von Schlössern, Städten etc. documentirt. Wenn es erlaubt wäre, aus zwei in Kärnten und Krain übereinstimmenden Thatsachen einen Schluss zu ziehen, so wäre es folgender: Die grössten zerstörenden Wirkungen der Erdbeben gehen von Längslinien (parallel zu dem Streichen der Schichten und Kammlinien) aus.

I. Die Ostwest-Stosslinien.

1. Die westliche Mur-Linie (Mur-Ursprung—Knittelfeld).

Sie bildet die Fortsetzung jener für Steiermark höchst wichtigen Stosslinie, welche E. Suess längs der Mürz und Mur bis Judenburg nachgewiesen und Mürz-Linie genannt hat. Sie wurde aus der Gestalt des Verbreitungsbezirkes der Erdbebenreihe von Ende März bis anfangs April 1816 abgeleitet, zu welcher Zeit sie in einer unverkennbaren Beziehung mit der von Kärnten kommenden und ihr zuschaarenden Nord-Querlinien stand; sie scheint dazumal die Trägerin der seismischen Action gewesen zu sein. Da diese westliche Mur-Linie ausserhalb Kärntens liegt, so war sie meinem speciellen Studiengebiete entrückt, weshalb ich mich mit ihrer Constatirung begnüge und nur bemerken will, dass Kluge (§. 15) darauf aufmerksam macht, dass sich die Erschütterungen des Mur-Thales bisweilen bis ins Neutraer Comitat fortsetzen. Die Mürz-Linie dürfte von Wiener-Neustadt über Pressburg zu verlängern sein.

2. Die Wörther Linie. [1]

Dieselbe äusserte sich während des Bebens am 4. December 1690 durch die Zerstörung von Villach und Schwreg (bei Treffen), von Wernberg, Klagenfurt und Völkermarkt; die zerstörende Wirkung nahm von West nach Ost allmälig ab, und zwar so, dass St. Paul im südlichsten Theile des Lavant-Thales nur unbedeutende Mauerrisse erlitt. Sie ist tektonisch dadurch ausgesprochen, dass sie die Nordgrenze des Gottes-Thales (östlich von Villach) und der Klagenfurter-Bleiburger-Diluvinlehene bildet. Längs ihr sind die Schichten, vorwiegend Phyllite, stark aufgerichtet, oft senkrecht gestellt oder anderweitig gestört. Es ist diese Stosslinie nahezu die nördliche Grenze jener Einsenkung, welche den mittleren Theil von Kärnten bildet.

Ausser dem genannten Beben war die Wörther Linie, soweit unsere Aufzeichnungen reichen, nie zur Thätigkeit gelangt.

3. Die Dobratsch-Linie.

Dieselbe wurde auf verschiedene Weise nachgewiesen; sie zieht sich vom Südabfalle des Dobratsch sowohl gegen W., längs des Gail-Thales, wie auch nach O., längs des Nordfusses der Karawankenkette hin. Sowohl der eine, wie der andere Theil dieser Dobratsch-Linie kam zur Action, jedoch war die gesammte Linie, die Kärnten von seiner West- bis zur Ostgrenze durchzieht, selten in ihrer Totalität activ; hingegen finden wir,

---

[1] Nach dem Wörther-See so benannt.

insbesondere vom 18. Juli 1863 bis 22. Mai 1867, eine Reihe von 10 Beben, deren Centren längs der gesammten Dobratsch-Linie derart wanderten, dass der Herd zuerst am Südfusse des Dobratsch lag, dann nach dem äussersten Westen (Lessach-Thal, d. i. die westliche Fortsetzung des Gail-Thales), darnach auf den Ostzweig der Dobratsch-Linie übersprang, zum Dobratsch zurückkehrte, sich später an verschiedenen Punkten des östlichen Zweiges wiederum bemerkbar machte, abermals zum Dobratsch zurückkehrte, und schliesslich im äussersten Osten Kärntens, bei Liescha, lag. Während dieses ganzen Zeitraumes von fast vier Jahren gingen alle Beben, mit einer einzigen Ausnahme, nur von Elementen der Dobratsch-Linie aus. Schon aus diesem Wandern des Centrums geht hervor, dass bald der eine, bald der andere Theil der Stosslinie der Träger der seismischen Kraft war; wir ordnen deshalb die Erschütterungen längs der gesammten Dobratsch-Linie nach ihrer Lage in westliche, centrale und östliche.

a) Die gesammte Dobratsch-Linie. Während des Erdbebens am 25. Jänner 1348 waren die grössten Zerstörungen in der unmittelbaren Umgebung des Dobratsch (der Absturz seines Südtheiles, und die Zerstörung von Villach) aufgetreten; gegen Osten hin wurden die Schlösser Hollenburg, Wildenstein und Feierperg zerstört und es ist wahrscheinlich, dass auch Marburg an diesem Tage arg gelitten hat. Hiedurch ist nachgewiesen, dass sich die seismische Kraft längs des östlichen Theiles der Dobratsch-Linie ganz bedeutend äusserte, und es muss als höchst wahrscheinlich gelten, dass dasselbe auch am westlichen Theile stattfand, um so mehr, indem gleichzeitig längs der bei Hermagor ins Gail-Thal einmündenden Tagliamento-Linie so gewaltige Verheerungen auftraten; doch scheinen die Zerstörungen, von welchen uns die Chronisten aus Tirol berichten, in keinem directen Zusammenhange mit der Dobratsch-Linie gestanden zu haben.

b) Die westliche Dobratsch-Linie (Gail- und Lessach-Thal) äusserte sich am 13. November 1864 (Lessach-Thal); es ist fraglich, ob die Erschütterung am 10. October 1858 dieser Stosslinie oder der Tagliamento-Linie oder vielleicht beiden zuzuschreiben ist.

c) Der centrale Theil der Dobratsch-Linie-Beben, deren Centren in dem Gebirgsstocke des Dobratsch gelegen waren, wurden gemeldet vom 26. Jänner 1855 (grösster Theil von Oberkärnten), vom 18. Juli 1863 (weitere Umgebung von Arnoldstein), vom 7. Juni 1865 (Bleiberg) und 25. März 1867 (Umgebung des Dobratsch).

d) Die östliche Dobratsch-Linie äusserte sich, abgesehen von 1348, während der Rosegger Erdbeben am 2. April 1858, ferner 16. Februar 1860 (Klagenfurt-Petzen), 11. und 21. Juni 1861 (Umgebung von Liescha), 25. December 1864 (Rosegg-Rechberg), 21. Juni (Klagenfurt), 16. September (Eisenkappel), 19. und 29. November (Ferlach und Köttmannsdorf) 1865, 22. Mai 1867 (St. Michael-Liescha). Ob die localen Erschütterungen von Görtschach am 19. Juni 1835 und 15. September 1841 auf die Dobratsch- oder Loibl-Linie zu beziehen sind, kann darum nicht entschieden werden, da dieses Dorf nahezu am Kreuzungspunkte der beiden Stosslinien liegt. Aus den erhaltenen Mittheilungen scheint hervorzugehen, dass der östliche Theil der Dobratsch-Linie viel häufiger activ ist, als der westliche; nachdem jedoch die Möglichkeit nicht ausgeschlossen ist, dass im Gail-Thale die Berichterstatter etwas säumiger sind, als im östlichen Theile Kärntens, so wollen wir jenen Schluss als eine Vermuthung hinstellen, welche auch einigermassen von der Verbreitung der Intensität des Bebens im Jahre 1348 unterstützt zu sein scheint.

Die Dobratsch-Linie ist tektonisch und geologisch überaus deutlich ausgeprägt; ihr wesentlicher Theil ist das Gail-Thal, dessen südliches Gehänge aus Silur- und Carbonschichten besteht, die im Allgemeinen südwärts verflächen, während das nördliche Gehänge vorwiegend aus Triasschichten aufgebaut ist, welche local südlich oder nördlich verflächen, so dass sie scheinbar von den im Süden vorliegenden paläozoischen Schichten überlagert werden. Der östliche Theil der Dobratsch-Linie bildet den Nordfuss der steilen Karawanken-Kette, schneidet den zusammenhängenden ausgedehnten Zug der Triaskalke gegen Norden hin ab, und bildet somit, wenigstens im geologischen Sinne, die Nordgrenze der südlichen Kalkalpen.

Klage (S. 15) nennt als habituelles Stossgebiet das Puster-Thal, namentlich Brunneck; die westliche Verlängerung der Dobratsch-Linie stimmt hiermit vollends überein.

4. Die Koschutta-Linie.

Die Koschutta, einen Theil der Karawanken-Kette bildend, zieht sich an der Grenze zwischen Krain und Kärnten von W. nach O., am Loibl-Passe beginnend und südlich von dem Obir einlend. Derselbe Zug von Triaskalken setzt jedoch unter anderen Namen weiter nach O. fort, verquert südlich von Eisenkappel das Vellacher Thal, und hält bis zur Ushova in westöstlichem Streichen an. Knapp nördlich von diesem Triaskalkzuge liegen die Gemeinden Zell und Weidisch, südlich hievon das Bad Vellach.

Während des Jänners 1862 wurden Zell und Weidisch fast täglich erschüttert, es bildete sich somit in dieser Gegend, also in der Koschutta, ein habituelles Stossgebiet; mehrere dieser Beben breiteten sich ganz auffallend gegen O. hin aus, wurden in dem Bade Vellach stark empfunden, während sie in dem gleich weit entfernten Klagenfurt nur höchst selten und stets sehr schwach verspürt wurden. Dasselbe gilt auch von dem Beben am 20. November 1833.

Aus dieser wiederholt constatirten Ausdehnung des Schüttergebietes muss auf eine westöstlich streichende Stosslinie geschlossen werden; es kann sich hiebei nur fragen, ob man sie längs des Nord- oder Südfusses oder nach dem Kamme der Koschutta ziehen soll.

Sowohl am Nord- als auch am Südfusse der Koschutta begegnen wir bedeutenden Bruchlinien mit westöstlichem Streichen; die erstgenannte geht vom Deutschpeter im Loibl-Thale über Zell nach Eisenkappel, von welchem keine gleichzeitige Erschütterung mit dem zuvor genannten Orte gemeldet wird; die südliche Bruchlinie durchläuft vis-à-vis von Zell ein unbewohntes Hochthal, und trifft im O. Vellach. Wir halten es für wahrscheinlicher, dass die Koschutta-Linie an dem Südfusse gezogen werden soll, da wir uns dadurch die gleichzeitige Erschütterung von Zell und Vellach ungezwungener erklären können, ohne jedoch diese Frage damit entscheiden zu wollen; wir deuten deshalb unsere Koschutta-Linie in der Karte längs des Kammes des Gebirges an. Ihre Fortsetzung trifft östlich von der schon erwähnten Ushova auf das vulkanische Gebiet des Smrekouz und noch eine Meile weiter im O. auf das Centrum der Erderschütterung vom 21. Juni 1837; ebenso könnten die gleichzeitigen Zerstörungen von Eisenkappel und Windischgraz während des Bebens am 27. August 1840 auf den östlichen Theil der Koschuttalinie bezogen werden. Ob das Beben am 20. November 1830 auf die Koschutta-oder auf die Loibl-Linie zu beziehen ist, müssen wir in Frage lassen, da das vorliegende Beobachtungsmateriale unzureichend ist. Eben so unentschieden ist es, ob die sehr starke Erschütterung von Eisenkappel am 27. August 1840 von der Koschutta-Linie ausging.

5. Die Kanalthal-Linie.

Die am 7., 10. und 17. Februar 1857 beobachteten Beben, sowie jenes am 14. August 1871 machen es sehr wahrscheinlich, dass dem Canalthale eine Stosslinie entspricht, welche als die westliche Fortsetzung der Koschutta-Linie aufgefasst werden kann. Die Erschütterung von Tarvis kann sowohl auf die Canal- als auch auf die Gitsch-Thal-Linie bezogen werden.

6. Die Lacker Linie. [1]

Dieselbe wurde mit Hilfe von Homoseisten für das Erdbeben am 29. Juni 1873 nachgewiesen, und scheint auch während des Bebens am 27. (28?) März 1511 von eigenthümlicher Bedeutung gewesen zu sein. Ihr gesammter Verlauf fällt ausserhalb Kärntens, grösstentheils nach Krain, ist somit meinem engeren Studiengebiete entrückt. Es sei bloss bemerkt, dass sie die südliche Grenze der rhätischen Stufe bildet, dass sie eine ausgesprochene Bruchlinie ist, die bei Caporetto das österreichische Gebiet betritt, dann in der Richtung ONO. nach Lack streicht, sich jedoch vor letzterem Orte unter einem sehr spitzen Winkel gabelt; der nördliche Zweig geht über Stein (Krain) nach Tüffer und Cilli (Untersteier) bis in die Gegend von Töplitz bei Warasdin, während der südliche Ast über Waatsch, Steinbrück nach Drachenburg (Untersteier) streicht. Die Lacker Linie ist die süd-

---

[1] Dieselbe habe ich bisher Laibacher Spalte geheissen, da sie jedoch fast genau durch Lack geht, hingegen von Laibach entfernter ist, so hielt ich diesen Namenswechsel für angezeigt.

lichste westöstlich streichende Längslinie, von hier aber weiter nach Süd werden mit Rücksicht auf das Streichen der Gebirgskämme und der Schichten die NW.-Linien zu Längslinien. Die Lacker Linie bildet die südliche Grenze der eigentlichen Alpen, speciell der südöstlichen Kalkalpen gegen den Karst.

II. Die Nordwest-Stosslinien.

Dieselben sind südlich von der Lacker Linie, somit für einen grossen Theil Krains, Längslinien, in Kärnten jedoch Querlinien, da sie die Schichten verqueren, und zwar die Kalkalpen unter einem Winkel von circa 45 Grad.

Wir lassen sie in der Reihenfolge von O. nach W. folgen.

1. Aus der eigenthümlichen Erweiterung des Schüttergebietes (27. August 1840) in der Richtung nach Croatien und aus den Zerstörungen von Franz (Untersteier) und Eisenkappel (Kärnten) wurde auf die Existenz einer Stosslinie geschlossen, welche die beiden letztgenannten Orte verbindet, und in ihrer südöstlichen Verlängerung zwischen Karlstadt und Agram eintreffen würde; das mir vorliegende Materiale ist durchaus nicht genügend, um den genauen Verlauf dieser Stosslinie, die vorwiegend Croatien und Krain angehört, angeben zu können. In Kärnten lässt sich ihre nordwestliche Fortsetzung seismisch nicht nachweisen.

2. Die Linie Köln-Laibach. Diese Stosslinie von einer ganz ausserordentlichen Ausdehnung und Wichtigkeit wurde nach zwei bekannten Städten benannt, welche nahe den Endpunkten dieser Linie liegen, soweit letztere bisher sicher nachgewiesen werden konnte; es ist jedoch höchst wahrscheinlich, dass sie, wenigstens gegen SO., noch bedeutend verlängert werden muss. Wir wollen zuvor jene Elemente dieser Stosslinie näher berücksichtigen, welche innerhalb Österreichs liegen und später auf ihre nordwestliche Fortsetzung nach Westdeutschland eingehen.

a) Die Malta-Linie. Während des Bebens am 4. December 1690 wurde Villach und das hiezu nahe gelegene Schloss Schneeg, ein Theil des alten Schlosses zu Gmünd und die in der Nachbarschaft liegenden Kirchen in Kreuschlach und Nöring zerstört; Gmünd und Kreuschlach liegen am Eingange ins Malta-Thal, welches mit der durch die verheerenden Wirkungen gekennzeichnete Stosslinie zusammenfällt; ob letztere von Gmünd aus nach Villach oder nach Schneeg (bei Treffen) zu ziehen ist, muss noch fraglich gelassen werden, doch scheint mir letztere Richtung darum wahrscheinlicher, da die Linie Gmünd-Schneeg gegen Nöring näher liegt, als jene nach Villach; sie würde durch die Thäler der Malta, des Nöringer und Schwarzwälder Baches und durch jene grosse Einsenkung, welche zwischen Radenthein und dem südwestlichen Ende des Ossiacher Sees gelegen ist, und weitaus zum grössten Theile das Treffner Thal oder „die Gegend" bildet, auch tektonisch sehr gut charakterisirt sein.

Die Malta-Linie war auch am 18. März 1855 nach ihrer ganzen Länge von Gmünd bis Rosegg wirksam; ferner wurde Maltein im Malta-Thale während des Zeitraumes vom 7. Juni 1862 bis 12. September 1866 sechsmal von ganz localen Beben erschüttert. Ob diese Stösse, welche am 31. October 1835 und anfangs 1844 in Gmünd verspürt wurden, auf die Malta- oder die Lieser-Linie zu beziehen sind, werden Salzburger Aufschreibungen entscheiden können. Bezüglich weiterer Mittheilungen verweisen wir auf die Erörterungen, welche über jenen Theil der Linie Köln-Laibach, der in Westdeutschland liegt, gegeben sind.

b) Die Linie der oberen Save. Während des Bebens am 27. (28.) März 1511 wurden im nördlichen Theile Krains eine beträchtliche Reihe von Burgen und Häusern arg beschädigt, zum Theile gänzlich zerstört; dieselben liegen längs einer Linie, welche von Radmannsdorf bis in die Gegend von Laibach dem Thale der oberen Save entspricht, von da jedoch in gleicher Richtung nach Auersperg fortstreicht, und als eine bedeutende Terraindepression sowohl, als auch als Bruchlinie sofort zu erkennen ist; wir haben hierüber bereits früher die hieher gehörigen Beweise gebracht. Diese Bruch- und Depressionslinie zieht sich von Auersperg fast in gerader Linie weiter nach SO. und trifft Ogulin (südwestlich von Karlstadt); dieser Theil der Stosslinie des oberen Save-Thales scheint auch während des Bebens am 19. Februar 1690 mitthätig gewesen zu sein.

Da diese Stosslinie in Krain liegt, so ist sie meinem eigentlichen Studiengebiete entrückt; trotzdem werden wir weiter unten Gelegenheit nehmen, auf sie zurückzukommen, wenn wir den nordwestlichen, in Deutschland liegenden Theil der Köln-Laibacher Linie abhandeln worden.

3. Die Linie Greifenburg-Adelsberg. Dieselbe ist zu der unmittelbar zuvor besprochenen Stosslinie (Gmünd-Auersperg) nahezu parallel; ein Theil fällt nach Kärnten (Gitsch-Thal-Linie), der andere nach Görz und Krain (Idria-Linie). Diese beiden Theile scheinen nie oder höchst selten gleichzeitig activ gewesen zu sein, wie dies auch bei der Malta-Linie und der Linie der oberen Save der Fall ist.

a) Die Gitsch Thal-Linie konnte sowohl nach der Auslappung des detaillirt begrenzten Schüttergebietes, als auch nach den Stosszeiten des am 22. October 1876 aufgetretenen Erdbebens bestimmt werden; sie äusserte sich jedoch auch am 30. Mai, 1. Juni 1875, wie auch die häufigen Erschütterungen von Berg im Drau-Thale (23. August 1868, 12. September 1868, 7.—8. September 1869) dieser Linie angehören. Auch die Verbreitung des Bebens am 12. Februar 1869 weist mit grosser Wahrscheinlichkeit auf dieselbe Stosslinie, welche von Berg nach Hermagor im Gailthale, und Saifnitz im Canalthale gezogen werden muss, hin. Ein beträchtlicher Theil von ihr fällt mit dem Gitschthale zusammen, welches, wie dies früher dargethan wurde, eine Bruchlinie ist.

b) Die Idria-Linie. Während des Erdbebens am 27. (28.) März 1511 wurden Tolmein, Haasperg, Auersperg arg beschädigt, bei Idria fand ein grosser Bergsturz statt. Alle diese Punkte fallen nahezu in eine Gerade, welche sich auch geologisch und orographisch documentirt; es sei hier auf das früher Erläuterte hingewiesen.

Die etwaigen Beziehungen dieser Stosslinie mit westdeutschen Erdbeben werden wir weiter unten beleuchten.

4. Die Tschitschen-Linie. Im Jahre 1511, am 27. (28?) März wurden Gemona, Udine, Görz, Gradiska, Triest und Muggia durch ein Erdbeben zerstört, oder sehr heftig erschüttert. Diese Orte reihen sich längs einer Linie, welche tektonisch durch den Verlauf der Küste und dessen Steilgehänge sowohl, als auch durch den südwestlichen Abfall des Tschitschenbodens, und hier geologisch als eine Bruchlinie gekennzeichnet ist.

5. Die Adria-Linie wurde für das Erdbeben am 29. Juni 1873 mittelst Homoseisten nachgewiesen; sie ist annähernd durch eine Gerade von Innsbruck über Belluno bis in die Adria markirt, und fällt also nach Tirol und Venetien, somit ausserhalb unseres eigentlichen Studiengebietes. Sie bildete auch den Herd des Bebens am 12. März 1873, wie dies aus der dem Verlaufe des adriatischen Meeres entsprechenden Gestalt des Schüttergebietes unzweifelhaft hervorgeht, nur war diesmal der Focus der Wirkung südlicher, beiläufig bei Aurona, während er am 29. Juni nach NW. in die Nähe von Belluno gewandert war.

6. Die Linie Bozen-Primiero. Das Villacher Erdbeben am 25. Jänner 1348 ist in beiden genannten Orten oder in deren Nähe zerstörend aufgetreten; es muss einer Specialstudie über die Erdbeben von Tirol vorbehalten bleiben, den genaueren und weiteren Verlauf dieser Stosslinie sicherzustellen.

Über den Zusammenhang der Nordwest-Stosslinien mit westdeutschen Erdbeben.

Während des Erdbebens am 25. Jänner 1348 waren in den südlichen Kalkalpen, soweit die uns bekannten Aufschreibungen reichen, längs dreier Linien grossartige Zerstörungen aufgetreten, und zwar längs der Dobratsch-Linie in Kärnten, nach der Tagliamento-Linie in Venetien, und in Bozen-Primiero in Tirol. Ebenso überraschen, dass gleichzeitig in Schwaben, mehrere Burgen — acht werden benannt — einstürzten. Eben so auffallend ist es, dass das nächst grosse Erdbeben Kärntens, nämlich jenes vom 4. December 1690 ebenfalls in Schwaben und Franken, insbesondere in der Umgebung von Nördlingen, sehr stark verspürt wurde, stärker als in den sie umgebenden Gebieten. In Kärnten sind die Zerstörungen längs der Malta-Linie aufgetreten, welche nach NW. verlängert, die Gegend von Nördlingen trifft. Unter den letzteren peripherisch gelegenen Orten waren es wieder Augsburg und Frankfurt am Main, welche den Stoss besonders stark empfanden, beide Städte liegen nahe der

_____

[1] Über die Klana-Linie folgen später unten Untersuchungen.

gezeichneten NW.-Linie; verlängert man dieselbe noch weiter nach NW., so trifft sie Cöln, welches gleichzeitig mit den übrigen genannten Orten erschüttert wurde, jedoch nach allen erhaltenen Nachrichten einem eigenen localen Beben angehört hat, dessen Schüttergebiet von jenem Schwabens etc. getrennt war. Es war somit während des Bebens im Jahre 1690 eine Linie von Cöln bis Villach wirksam.

Wir haben früher nachgewiesen, dass die südöstliche Verlängerung der Kärntner Malta-Linie mit der Krainer Linie der oberen Save, welche nahe bei Laibach vorbeistreicht, zusammenfällt; es ist somit eine Stosslinie von Cöln bis südöstlich von Laibach nachweisbar, welche Mittel-Europa verquert, hie und da, besonders im nordöstlichen Theile Tirols, und zwischen Frankfurt am Main und Cöln Unterbrechungen aufweist, doch im grossen Ganzen überaus deutlich schon durch das Beben im Jahre 1511 nachgewiesen werden kann.

Es musste nun von bedeutendem Interesse sein, zu untersuchen, ob sich auch durch andere Beben, als jene von so grossartig zerstörender Wirkung ein seismischer Zusammenhang längs dieser Linie nachweisen lässt. Ich habe zu diesem Behufe die Erdbebencataloge für die Jahre 1872 bis 1877, wie dieselben gewiss mit vielem Bemühen von C. W. C. Fuchs zusammengestellt und in Tschermak's mineralogischen Mittheilungen publicirt wurden, durchgesehen, und war geradezu überrascht, von der Abhängigkeit der Erschütterungen in der Nähe des Mittelrheins und jener in den südlichen Kalkalpen.

Die Stosslinie Cöln-Laibach verquert den nördlichen Theil des Odenwaldes, und berücksichtigt man die Krümmung dieser Linie, welche vermöge der Kegelprojection unserer Karte, nicht als eine stricte Gerade eingezeichnet werden kann, so trifft sie Darmstadt. Insbesondere diese Stadt, und der nachbarliche Odenwald sind es, welche so häufig erschüttert werden, wenn wenige Tage zuvor oder darnach in den südöstlichen Kalkalpen ein Beben auftrat. Doch lassen wir die Cataloge sprechen.

A. Längs der Cöln-Laibacher Stosslinie fanden nahezu gleichzeitige Beben statt:

1. 1869, October: Am 13. Radmannsdorf in Krain, am 16. Gmünd in Kärnten und am 18. Darmstadt (Hessen). (Nach Dieffenbach, S. 66.)

2. 29. October 1870. Gross-Geran (Odenwald) — 30. October. Laibach.

3. 6. Jänner 1872. Moosbrunn (Amt Eberbach, Odenwald), 6³ ₄ʰ Morgens, zwei ziemlich starke Stösse.

    7. Jänner 1872. Gottschee (Krain), zwei Stösse (6¹ ₄ʰ und 8¹ ₄ʰ ? m.).
    Zeitdifferenz: Min. 23³ ₄ Stunden, Max. 37⁴ ₄ Stunden. Entfernung 87 Meilen. [1]

4. 15. Mai 1872. Odenwald (das Centrum scheint der Felsberg gewesen zu sein) kurz vor 9ʰ Morgens.

    17.—18. Mai 1872. Laibach 12¹ ₄ʰ Nachts.
    Zeitdifferenz: 39¹ ₄ Stunden. Entfernung 80 Meilen.

    25. Mai 1872. Bessungen (nahe an Darmstadt). Zeitangabe fehlt.

5. 3. August 1874. Pfungstadt (bei Darmstadt), 8¹ ₄ʰ Abends.

    16. August 1874. Trata (bei Bischoflack), auch in Laibach, 7ʰ 15ᵐ Morgens.
    Zeitdifferenz: 6 Tage, 10³/₄ Stunden. Entfernung 80 Meilen.

6. Anfangs Juli 1876. Darmstadt und Umgebung.

    19.—20. Juli 1876. Ogulin, Nachts.

    5. August 1876. Darmstadt und Umgebung (Centrum scheint der Felsberg gewesen zu sein), kurz nach 2ʰ ? m.
    Zeitdifferenz: circa 16 Tage. Entfernung 94 Meilen.

7. 7. September 1876. Hessischer Odenwald und unteres Maingebiet.

    11.—12. September. Ober-Krain, Nachts 11⁰ ₄ʰ.
    Zeitdifferenz: circa 4¹ ₄ Tage. Entfernung 75 Meilen.

---

[1] Die Entfernungen in geographischen Meilen sind annähernd genau.

12.—13. September 1876. Am stärksten in Salonichi (Rumelien), Nachts.
Zeitdifferenz: circa 24 Stunden. Entfernung 130 Meilen.
Salonichi fällt annähernd in die südöstliche Fortsetzung der Linie Cöln—Laibach.

8. Nachdem ein beträchtlicher Theil Krains am 12. Februar 1879 erschüttert wurde — die Wellen pflanzten sich auch nach Kärnten, bis Klagenfurt und darüber hinaus fort —, fühlte man in Bischofslack mehrere Nachbeben, die letzten am Morgen und Abend des 16. Februars. Vom 17. d. M. wurden von Kaiserfelden bei Rosenheim (Baiern) heftige Erderschütterungen gemeldet, welches in die Cöln-Laibacher Linie fällt.

B. Beziehungen zwischen Westdeutschland und der Idria-Linie.

1. 27. Februar 1870. Idria und Laas (Krain) und Gross-Gerau (Odenwald). (Nach Stur und Dieffenbach.)
2. 8. Jänner 1873. Adelsberg, Triest, $1^h 45^m$ Mittags.
   15. Jänner 1873. Tauberbischofsheim, $2^h 25^m$ Nachts.
   Zeitdifferenz: 6 Tage, $12^2/_4$ Stunden. Entfernung 75 Meilen.
   19. Jänner 1873. Der ganze Odenwald und seine weitere Umgebung.
3. 20. März 1874. Jülich, $10^h 59^m$ Morgens.
   21. März 1874. St. Peter und Dornegg bei Illyrisch-Feistritz, 8^h Morgens und $2^{3}_{4}^h$ Nachmittags.
   Wiederholung in Dornegg am 27. März um $10^h 25^m$ Abends.
   Zeitdifferenz: $15^3/_4$ Stunden. Entfernung 110 Meilen.
4. 16. Mai 1874. Hardenberg bei Mainz.
   19. Mai. St. Peter (Krain), 5^h Morgens und 5^h Abends.
   22. Mai. Darmstadt, $11^h 5^m$ Morgens.
   Für letztere zwei Stösse ist die Zeitdifferenz: Min. 2 Tage, 18 Stunden, Max. 3 Tage, 6 Stunden.
   Entfernung 85 Meilen.
5. 3. August 1874. Pfungstadt (bei Darmstadt). $8^{1}_{4}^h$ Abends.
   10. August 1874. $7^h 15^m$ Früh, Oberkrain.
   10. August 1874. Laas, $10^h 30^m$ Abends.
   Zeitdifferenz: 7 Tage, 2 Stunden. Entfernung 125 Meilen.
6. 22. October 1876. Knin (Dalmatien), $4^h 22^m$ Morgens.
   22. October 1876. Saifnitz, $9^h 4^m$ Vormittag.
   Zeitdifferenz: 4 Stunden, 42 Minuten. Entfernung 47 Meilen.

C. Beziehungen zwischen Westdeutschland und der Tschitschen-Linie.

1. 29. October 1870. Gross-Gerau (Odenwald).
   1. November. Triest.
2. 18. März 1872. Darmstadt, 3^h Morgens.
   22. März 1872. Zara, $11^h 59^m$ Morgens.
   Zeitdifferenz: 4 Tage, 9 Stunden. Entfernung 110 Meilen.
3. 14. Mai 1872. Udine und Cividale.
   15. Mai 1872. Odenwald (Centrum der Felsberg) kurz vor 9^h Morgens.
   Zeitdifferenz: circa 1 Tag. Entfernung 72 Meilen.

___

Wie früher nachgewiesen wurde, war in Kärnten an diesem Tage die Gitsch-Thal-Linie factisch activ.

4. 10.—11. März 1873. Darmstadt, 12ʰ Nachts.

13. März 1873. Zara, 9ʰ Morgens.

Zeitdifferenz: 2 Tage, 9 Stunden. Entfernung 110 Meilen.

15. März 1873. Athen (fällt eigentlich in die südöstliche Verlängerung der Cöln-Laibacher Linie). Stunde?.

Zeitdifferenz: circa 2 Tage. Entfernung von Zara 132 Meilen.

5. 16. Februar 1874. Darmstadt. (18. Februar Tübingen.) — Zwischen 15.—22. Februar, Insel Zaute.

D. Die Erdbeben von Klana[1] (Istrien) und Gross-Gerau[2] (Odenwald) im J. 1870.

Monat	Tag	Istrien, etc. Krain, Dalmatien	Odenwaldgebiete	Anmerkungen
Jänner	2.	Flume.	Gross-Gerau. [3]	
"	3.	Flume, Svica, Ottocac und St. Georgen bei Zengg.	. . . .	
"	4.	Ottocac, Svica und St. Georgen bei Zengg.	. . . .	
"	5.	detto	. . . .	
"	6.	detto	Gross-Gerau.	
"	9.	. . . .	detto	
"	11.	. . . .	detto	
"	15.	. . . .	Darmstadt.	Coblenz.
"	16.	. . .	Gross-Gerau.	
"	17.	. . . .	. . . .	Coblenz.
"	21.	. . . .	Gross-Gerau.	
"	22.	. . .	detto	
"	23.	. . . .	Kostheim.	
"	24.	. . . .	Gross-Gerau.	
"	26.	. . . .	detto	
"	28.	. . . .	detto	
"	29.	. . . .	detto	
"	30.	. . . .	detto	
Februar	14.	. . . .	Darmstadt.	
"	19.	. . . .	Mainz.	
"	20.	. . . .	Mainz.	
"	21.	. . . .	Gross-Gerau.	
"	22.	. . . .	Gross-Gerau (sehr stark).	
"	26.	. . . .	Gross-Gerau.	
"	27.	Idria, Laas (2mal).	detto	
"	28.	Dornegg (2mal), Ill.-Feistritz, Veglia.	detto	
März	1.	Klana (Hauptbeben), Flume (4mal), Dornegg.	detto	
"	2.	Flume (2mal), bei Littal, Semana.	detto	
"	3.	Veglia.	detto	
"	4.	Dornegg (2mal), Ill.-Feistritz (2mal), Flume (2mal).	detto	
"	5.	Dornegg (2mal), Flume (2mal).	detto	
"	6.	Dornegg (2mal), Ill.-Feistritz, Flume.	detto	
"	7.—9.	. . . .	detto	
"	11.	. . . .	Homburg v. d. H.	
"	15.	. . . .	Gross-Gerau.	
"	16.	. . . .	detto	
"	17.	. . . .	detto	
"	23.	. . . .	detto	
"	26.	. . . .	detto	Wiederbeginn der Eruption des Santorin.
"	30.	. . . .	detto	
"	31.	. . . .	detto	

[1] Nach Stur.

[2] Nach Dieffenbach.

[3] Die Reihe der Odenwahl-Beben begann bereits am 18. October 1869, und traten selbe im November und December dieses Jahres schon häufiger auf.

Monat	Tag	Istrien, etc. Krain, Dalmatien	Odenwaldgebiete	Anmerkungen
April	10.	Radmannsdorf.	. . . .	
»	19.—20.	. . . .	. . . .	Kundl bei Wörgl (Tirol).
»	27.	Voloaca.	. . . .	
»	28.	Klana (3mal).[1] Fiume.	. . . .	
»	29.	Fiume (2mal).	. . . .	
Mai	30.	. . . .	. . . .	Kundl (Tirol).
»	1.	. . . .	. . . .	detto
»	4.	Fiume.	. . . .	
»	8.	. . . .	Gross-Gerau.	
»	9.	Fiume.	. . . .	
»	10.	Fiume (3mal), Adelsberg, Dornegg, Ill.-Feistritz, Bittinje, Voloaca, Klana (zweit-schwächeres Hauptbeben), Triest,[1] Gottschee.	. . . .	
»	11.	Fiume (11mal), Klana (dritt-schwächstes Hauptbeben), Dornegg, Ill.-Feistritz, Voloaca (2mal), Gottschee (2-mal).		
»	12.	. . . .	Bauschheim.	
»	13.	Fiume (2mal).	. . . .	
»	14.	Fiume.	. . . .	
»	15.	Istrien (D.).[2]	. . . .	
»	16.	Fiume (2mal), Klana.[3]	Gross-Gerau.	
»	18.	Fiume.	. . . .	
»	19.	Fiume.	. . . .	
»	21.	Fiume (3mal).	. . . .	
»	23.	Fiume (2mal).	. . . .	
»	25.	Istrien (D.).[2]	. . . .	
»	26.	Klana, Voloaca.	. . . .	
»	27.	Voloaca, Castua.	. . . .	
»	29.	. . . .	Gross-Gerau.	
Juni	30.	Klana, Studena.	detto	
»	2.	. . . .	detto	
»	4.	Voloaca.	. . . .	
»	7.	Istrien (D.).[4]	. . . .	
»	9.	Veglia	. . . .	
»	12.	Voloaca	Gross-Gerau.	
»	14.	. . . .	detto	
»	18.—19.	Istrien (D.).[3]	. . . .	
Juli	24.—30.	. . . .	. . . .	Häufige und sehr starke Beben in Griechenland; Santorin wird zerstört. Sie währen mit Unterbrechungen bis zum 1. September; am 1. August fällt die Eruption des Santorin.
»	5.	. . . .	Gross-Gerau.	
»	7.	. . . .	detto	
»	8.	Klana.[4]	. . .	
»	14.	. . . .	Gross-Gerau.	
»	26.	Istrien (D.)[5]	. . . .	
»	27.	detto[3]	. . . .	
»	29.	detto[5]	. . . .	
August	5.	detto[5]	. . . .	
»	6.—7.	Istrien (D.).	. . . .	
»	8.—10.	detto	. . . .	
September	16.	. . . .	Gross-Gerau.	
»	17.	. . . .	detto	
October	28.	Lissa.[3]	. . . .	
»	10.	. . . .	Gross-Gerau.	
»	13.	. . . .	detto	
»	14.	. . . .	detto	
»	23.	. . . .	detto	
»	24.	. . . .	detto	
»	25.	. . . .	detto	Griechenland.
»	26.	. . . .	detto	detto
»	27.	. . . .	detto	

[1] Nach der Klagenfurter Zeitung, Jahrg. 1870.
[2] Istrien (D.) ist eine Angabe Dieffenbach's, welche in Stur's Register nicht zu finden ist.
[3] Nach der Klagenfurter Zeitung, 1870.
[4] Stur schliesst hiemit seinen Catalog.
[5] Gleichzeitige Beben in Griechenland.

10 *

Monat	Tag	Istrien, etc. Krain, Dalmatien	Odenwaldgebiet	Anmerkungen
October	28.	. . . .	detto	Griechenland.
„	29.		detto	
„	30.	Laibach.	. . . .	
November	1.	Triest.	. . . .	
„	21.	Istrien (D.).	. . . .	
„	22.	detto	. . . .	
„	23.—24.	detto	. . . .	
„	25.	detto	. . . .	
„	30.	. . . .	Gross-Geran.	
December	7.	. . . .	detto	
„	13.	. . . .	detto	
„	22.	. . . .	detto	

Bezüglich der Beben in Istrien bemerken wir, dass sich das Schüttergebiet von Klana vorwiegend von NW. gegen SO. zieht, von Dornegg bis Fiume; es verlängert sich dasselbe zu wiederholten Malen gegen SO. bis in die Gegend von Zengg, während Anlehnungen gegen NW. seltener vorkommen. Wir werden durch die auffallend gestreckte Form des Propagationsfeldes auf eine Nordwestlinie hingewiesen, welche durch Klana zu ziehen ist.

Dass ein Zusammenhang zwischen dieser Linie von Klana, welche wir in unseren früheren Untersuchungen nicht erwähnten, und welche nach den sorgfältigen Studien Stache's sich als eine der wichtigsten Spalten Istriens herausstellt, und dem Odenwaldgebiete existire, dürfte die vorliegende Zusammenstellung der Erdbeben im Jahre 1870 hinlänglich bewiesen haben. Daraus geht auch hervor, dass nicht blos diese Klana-Linie, sondern auch die nachbarlichen Nordwestlinien, wenn auch nur in untergeordneteren Masse, thätig waren.

Wenn man die Klana-Linie gegen NW. nach Gross-Geran verlängert, so trifft sie Kundl (bei Wörgl) in Tirol, welches, wie erwähnt, ebenfalls an drei Tagen des Jahres 1870 erschüttert wurde.

Die südöstliche Fortsetzung der Klana-Linie weist nach Griechenland, und zwar ziemlich genau nach Santorin, von wo Zerstörungen durch Erdbeben und Eruptionen gemeldet werden. Die seismische Thätigkeit wurde durch einige Erschütterungen im October 1869 längs der Laibacher Spalte (Radmannsdorf, Gmünd und Darmstadt) eingeleitet, war bis zum Beginne des Jahres 1870 vorwiegend im Odenwaldgebiete fühlbar, und nur einige leichtere Stösse in der Gegend Fiume-Zengg (Klana-Linie) waren die ersten Anzeichen des grossen Bebens, welches am 1. März in der Umgebung von Klana auftrat. Mit dem Ende der Hauptperiode der Istrianer Beben treten weiter südöstlich in Griechenland grossartig verheerende Erdenschütterungen auf; gleichzeitige Beben Griechenlands und Istriens einerseits und später Griechenlands und Gross-Geran's andererseits schliessen diese Wanderung ab. Im Monate November wird nur Istrien, im December nur Gross-Geran erschüttert, der Herd war am Schlusse des Jahres zur selben Stelle zurückgekehrt, welche er zu Beginn desselben inne hatte.

E. Beziehungen zwischen Westdeutschland und der Adria-Linie.

1. 10.—11. März 1873. Darmstadt, 12ʰ Nachts.
   12. März 1873. 9¹⁄₂ʰ Abends ein ausgedehntes Beben, welches von Sterzing bis Ragusa und Rom reichte, und sich hauptsächlich NW—SO verbreitete, und der Ausdehnung der Adria entspricht. Zeitdifferenz: 1 Tag, 21¹⁄₂ Stunden.
2. 9. September 1873. Belluno, 11ʰ 15ᵐ Abends.
   15. September 1873. Auerbach (Odenwald). Zeitdifferenz: circa 5¹⁄₂ Tage. Entfernung 60 Meilen.
3. 16. September 1873. Jugenheim (Odenwald), 2ʰ 55ᵐ Morgens.
   17. September 1873. Belluno, Vittoria etc., circa 8ʰ Abends. Zeitdifferenz: 1 Tag, 17 Stunden. Entfernung 65 Meilen.

4. 2. November 1873. Dorndiel (Hessen).
    4. November 1873. Frankenhausen (Hessen), $6^h 5^m$ Morgens.
    6. November 1873. Belluno, $9^h 30^m$ Morgens.
    Zeitdifferenz: 2 Tage, 3 Stunden. Entfernung 70 Meilen.
    8. November 1873. Darmstadt. Stunde?
    Zeitdifferenz; circa 2 Tage.
5. 13. December 1873. Belluno.
    16. December 1873. Odenwald, $9^h 22^m$ Morgens.
    Zeitdifferenz: circa 3 Tage. Entfernung 65 Meilen.
    18. December 1873. Belluno, circa 8^h Morgens.
    Zeitdifferenz: 1 Tag, $22^1{}_2$ Stunden. Entfernung 65 Meilen.
6. 20. December 1873. Schönberg (Odenwald), $10^h 10^m$ Vormittag.
    20. December 1873. Belluno, Vittoria etc., $10^1{}_2^h$ Vormittag.
    Zeitdifferenz: 20 Minuten. Entfernung 65—70 Meilen.
7. 23. December 1873. Darmstadt, $2^h 15^m$ Morgens.
    25. December 1873. Belluno (bis Bozen fühlbar), $6^h 25^m$ Morgens.
    Zeitdifferenz: 2 Tage, 4 Stunden. Entfernung 65 Meilen.
8. 30.—31. Jänner 1874. Belluno, Mitternacht.
    10. Februar 1874. Odenwald, $5^h 20^m$ Morgens.
    Zeitdifferenz: 10 Tage, 5 Stunden. Entfernung 60—65 Meilen.
9. 20. März 1874. Jülich, $3^h 2^m$.
    26. März 1874. Belluno, 7^h und 8^h.
    Zeitdifferenz?. Entfernung 93 Meilen.
    Die Linie Jülich-Belluno berührt den südlichen Theil des Odenwaldes.
10. 9. und 10. April 1874. Belluno.
    13. April 1874. Tramersheim (Rheinhessen bei Alzey), Morgens 3^h.
    Zeitdifferenz: circa 3 Tage, Entfernung 70 Meilen.
    14. April. Bonn.
11. 3. December 1874. Innsbruck, $1^h 25^m$ Morgens.
    7. December 1874. Potenza (Neapel).
    Zeitdifferenz: circa $4^1{}_2$ Tage. Entfernung
12. 10. März 1875. Dortmund, $4^h 20^m$.
    17. März 1875. Belluno, 8^h.
    Zeitdifferenz: circa 7 Tage. Entfernung 92 Meilen.

Die Linie Dortmund-Belluno geht durch den östlichen Theil des Odenwaldes.

Es sei überdies noch hervorgehoben, dass im Jahre 1873 sowohl im Odenwalde, als auch in Belluno die Häufigkeit der Erdbeben eine ausserordentlich grosse Zahl annahm, wie dies aus dem Fuchs'schen Cataloge klar hervorgeht, und wie das auch zum Theile in der unter E folgenden Zusammenstellung ersichtlich ist.

Am 23. Jänner 1872 wurde der Odenwald erschüttert.

Am 2. Februar 1872 Primiero; wir wollen hiebei an jene Zerstörungen erinnern, welche das Beben im Jahre 1348 in Primiero und Bozen bewirkte.

Der Vollständigkeit halber seien noch folgende Erdbeben erwähnt:

12. November 1873, Linz, Remagen u. a. O. am Rhein; 21.—25. November 1873, mehrere Stösse in Velletri (SO. bis um Rom); 6. Jänner 1874, Darmstadt und am Aetna; 7. Jänner, Campobasso (Neapel); 16. Februar 1874, Darmstadt; 25. Februar, Camerino (Italien, Prov. Macerata); 22. Mai 1874, Darmstadt;

2. Juni, Ravenna. Diese beiden Linien fallen in eine zusammen und durchschneiden die Euganeen. Diese Linie war noch im März 1878 thätig, da am 13. Venedig, Padua, Reggio, am 16. Kaltenbrunn im Kaunser-Thale (Tirol) und in der Nacht vom 25. zum 26. Gross-Gerau erschüttert wurden. (Siehe C. W. C. Fuchs.)

F. Die Erdbeben von Belluno, Odenwald und Herzogenrath in dem Zeitraume Anfangs September 1873 bis Ende Jänner 1874.

Autor	Tag	Stunde	Im Süden	Odenwald und Umgebung	Weitere Umgebung von Aachen	Intensität
	1873.					
H.	5. September	6h 15' A.	Belluno			schwach.
H.	9. „	5h 40' A.	Belluno			ziemlich stark.
H.	9. „	7h 40' A. 8h 10' A. 11h 15' A.	Belluno			schwächere Stösse.
H.	9. „	4h M.	Reggio di Modena,			zwei leichte Stösse.
H.	11. „		Cosenza (Calabrien			sehr starker seenull.Stoss.
F.	15. „			Auerbach (Odenw.		schwach.
F.	16. „	2h 56' M.		Jugenheim (Odenw.		lang dauernd.
H.	17. „	c. 8h A.	Belluno, Vittoria, Treviso etc.			äusserst heftig.
B.	17. „	c. 8h A.	Storo (Süd-Tirol			zwei leichte Stösse.
B.	17. „	8h 10' A.	Renno			zwei leichte Stösse.
B.	17. „	8h 30' A.	Genua u. Livorno			
F.	25. „	6h M		Lautern (Odenw.		ziemlich heftig.
L.	28 „	2h 25' A.			Herzogenrath, Aachen, Linnich, Verviers, Prümmern, Kohlscheid Lamendorf. Weiden	Beginn der Herzogenrather Beben.
H.	30. „		Siena			leicht.
L.	1. October				Prümmern, Herzogenrath	schwach.
L.	2. „	2h 55' A			Herzogenrath	ziemlich heftig.
L.	2. „	2h 50' A			Weiden, Siersdorf	ziemlich heftig.
L.	2. „	9h A.			Herzogenrath	schwächer
F.	5. „			Jugenheim, Auerbach, Niederbeerbach, Lautern.		
F.	6. „	6h A.		Lautern, Niederbeerbach		leise Schwankungen.
F.	7 „	3h 30' M		Am stärksten im Odenwald, dann Mannheim und Umgebung. Darmstadt, Langenbrombach (Odenw., Höchst er Tunnel, Freudenheim, Niederbeerbach, Erbach Gernsheim und Crumbach im Ried, Lampertheim, Hamm bei Worms, Gross Gerau, Biblis; in Franken u. Würtemberg.		heftig
L.	10. „	c. 1h 30' A.			Eugelhausen Kr. Jülich, Edern	schwach
F.	11. „	11h 4' M.		Heidelberg		sehr schwach
L.	15. „	8h A.			Herzogenrath	weniger heftig.
L.	17. „	c. 3h 35' A.			Aachen	sehr bemerkbar.
L.	19 „	7h 42' M			Aachen, Herzogenrath	schwach.
L.	19. „	c. 8h 25' A.			Ausgedehnteres Schüttergebiet, begrenzt von Maestricht, Altenberg, Stolberg. Linnich,Geilenkirchen	heftig zweitstärkstes während der Herzogenrather Beben.

Autor	Tag	Stunde	Im Süden	Odenwald und Umgebung	Weitere Umgebung von Aachen	Intensität
F.	20. October	5ʰ M.	. . . . .	. . . . . .	Weiden.	
F.	20. „	7ʰ 30' A.	. . . . .	. . . . . .	Witten	
F.	20. „	9ʰ 40' A.	. . . . .	. . . . . .	Herzogenrath.	
L.	21. „	4ʰ M.	. . . . .	. . . . . .	Neubad in Aachen.	
F.	21. „	11ʰ 30' A.	. . . . .	Erlneß (Wetterau). .		
L.	21.—22. „	Nachts	. . . . .	. . . . . .	Aachen, Herzogenrath	schwach.
F.	22. „	7ʰ M. und 9ʰ 15' M.		Reichenbach, Auerbach, Birkenau u. ein grosser Theil d. Odenwaldes		
F.	22. „	2ʰ 30' M.		Erlneß (Wetterau). .	. . . . . .	stärker.
L.	22. „	9ʰ 45'		. . . . . .	Hauptbeben vonHerzogenrath (Grenzorte: Brüssel, Cleve, Münster, Neuwied, Stavelot). — Giessen. . .	
L.	24.—25. „	Mitternacht		. . . . . .	Aachen, Weiden . .	sehr stark.
L.	26. „	11³⁄₄ʰ M. „		. . . . . .	Aachen, Herzogenrath	ziemlich stark.
F.	27. „	2ʰ A.		Klein-Gerau. . . .		rollender Stoss.
F.	27. „	10ʰ 15' A.		Gross-Gerau	. . . . . .	heftig.
L.	31. „	c. 12ʰMittag		. . . . . .	Grenzorte: Maestricht, Heinsberg, Jülich, Dürwiss, Aachen .	Drittheftigster Stoss in der Reihe der Herzogenrather Beben.
F.	1. November	6¹⁄₂ʰ A.		Pfungstadt,Schönberg, Frankenhausen, vordererOdenwald, Bergstrasse		heftig.
F.	1. „	8ʰ A.		Nieder-Ramstadt . .	. . . . . .	ziemlich stark.
L.	2. „	10—12ʰ M.	. . . . .	Darmstadt		schwach.
F.	2. „	6¹⁄₂ʰ A.	. . . . .	Dorndiel (Hessen).	Roldue bei Herzogenrath	Zittern der Magnetnadel.
F.	4. „	6ʰ 5' M.	. . . . .	Frankenhausen . . .		ziemlich heftig.
L.	5. „	11ʰ 55' M.	. . . . .	. . . . . .	Herzogenrath, Heerlen, Kirchrath	schwach.
L.	5.—6. „	Nachts	. . . . .	. . . . . .	Aachen.	sehr schwach.
F.	6. „	9ʰ 30'	Belluno u. Umgebung	. . . . . .		stark.
F.	8. „		. . . . .	Darmstadt		leicht.
L.	12. „	kurz vor 6ʰ A.	. . . . .	. . . . . .	Umgebung von Remagen, Sinzig und Linz	ziemlich heftig.
L.	18. „	2ʰ M.	. . . . .	. . . . . .	Herzogenrath , Maestricht.	
L.	19. „	2—3ʰ M.	. . . . .	. . . . . .	Aldenhoven.	
F.	21.—25. „		Velletri, Rom . . .	. . . . . .	. . . . . .	in Rom schwach.
L.	28. „	11ʰ 40' A.	. . . . .	. . . . . .	Herzogenrath.	
L.	30. „	c. 11¹⁄₄ʰ A.	. . . . .	. . . . . .	Herzogenrath, Aachen	schwach.
L.	2. December	3ʰ M.	. . . . .	. . . . . .	Herzogenrath	schwach (Ende der Herzogenrather Beben).
F.	13. „		Belluno.			
F.	14. „	9ʰ 22' M.	Belluno	Odenwald		schwach.
B.	18. „	c. 8ʰ M.	Perarolo			schwach.
B.	18. „					sehr stark, undulatorisch.
F.	19.—20. „	Nachts	. . . . .	Pfungstadt		zwei Erschütterungen, stossweise.
F.	20. „	6¹⁄₂ʰ M.	. . . . .	Schönberg		von unten kommender, rollender Stoss.
F.	20. „	7ʰ M.	. . . . .	Schönberg,Niederbeerbach		in Niederbeerbach ziemlich heftig.
F.	20. „	8ʰ M.		Niederbeerbach . . .		detto
F.	20. „	9ʰ 45' N.		Pfungstadt.		
F.	20. „	10ʰ M.		Schönberg,Niederbeerbach		
F.	20. „	10ʰ 10' M.		Schönberg.		detto

Autor	Tag	Stunde	Im Süden	Odenwald und Umgebung	Weitere Umgebung von Aachen	Intensität
B.	20.	$10^{1}/_{2}^{h}$ M.	Belluno, Alpogo, Fadalto, Vittoria .			zwei kurze anaualt. sehr fühlbare Stösse; einzelne Mauerrisse.
F.	20.	11^{h} M.		Niederbeerbach . . .		ziemlich heftig.
F.	20.	Wenige Minuten vor 2^{h} A.		Darmstadt, Gernsheim, Pfungstadt, Niederbeerbach, Schönberg, längs der Bergstrasse über Weinheim bis Pfungstadt		
F.	20.	c. 5 Minuten später als der vorstehende Stoss	. . . . .	Darmstadt, Gernsheim, Pfungstadt . . .		sehr stark.
F.	20.	7^{h} A.	. . . . .	Niederbeerbach.		sehr stark.
F.	20.	11^{h} A.	. . . . .	Darmstadt.		
F.	20.—21.	c. Mittern.	. . . . .	Pfungstadt, Niederbeerbach.		
F.	21.	3^{h} M.		Niederbeerbach.		
F.	23.	$2^{h} 15'$ M.	. . .	Darmstadt		rückweise ziemlich heftig.
F. & B.	23.	3^{h} M.	Belluno	. . .		dürfte derselbe Stoss sein.
B.	25.	$3^{h} 15'$ M.	Cortina d'Ampezzo,			
F. & B.	25.	$6^{h} 25'$ M.	Belluno (Mauerrisse), Narmede (Schaden), Feltre, Mel, Vittoria, Conegliano.—Bozen. Cortina d'Ampezzo $(6^{h} 35')$			Äusserst starker undulatorischer Stoss, vielleicht der stärkste seit Beginn. In Bozen NW.—SO. (F.) (nach B. S.—N.) In Belluno NW.—SO. (F.) (nach B. NNW.—SSO.)
F. & B.	25.	11^{h} A.	Belluno			
	1874.					
F.	6. Jänner	4^{h} M.	. . . . .	Darmstadt.		zum Theil sehr heftig.
F.	6.	. . .	Aetna	. . . . .		
F.	7.	. . .	Campobasso (Neapel)	. . . . .		
F.	30.	6^{h} A.	Lesina und Lissa u. den nachbarlichen Inseln	. . . . .	. . . . .	ziemlich heftig S.—N.
F.	30.	8^{h} A.	detto	. . . . .	. . . . .	schwächer.
F.	30.—31.	c. Mittern.	Belluno	. . . . .	. . . . .	ziemlich heftig.

Überblickt man die seismische Thätigkeit des Jahres 1873, wie sie in Fuchs' Catalogue und zum Theil in dem vorstehenden Register verzeichnet ist, so sieht man, dass sie am nördlichen Gestade der Adria (Triest, Adelsberg) am 8. Jänner anhebt, und schon am 15. Jänner ihr Echo in Bischofsheim findet; vom 19. Jänner bis 5. Februar wird der Odenwald sechsmal erschüttert; die Reihe dieser nördlichen Bebenperiode schliesst in der Nacht vom 10—11. März ab, am nächsten Tage tritt eine bedeutende Erschütterung der Nordhälfte der Adria ein, die sich am 13. März nochmals in Zara äussert; zwei Tage später ist das Centrum weiter gegen SO., bis Athen, gewandert. Im April (18., 19., 20.) bebt abermals ein Theil im Norden der Adria (Zengg), worauf eine mehrmonatliche Ruhe eingetreten zu sein scheint; der Odenwald war während dieser Thätigkeit im Süden zur Ruhe gelangt. Am 29. Juni fand das gewaltige Erdbeben von Belluno längs der Adria- und Laeker (Laibacher) Linie statt, von wo ab sich die seismische Kraft in diesem Theile der Südalpen besonders häufig äussert. Sobald hier einigermassen Ruhe eingetreten ist, treten im Odenwalde (15., 16., 25. September) und kurz darnach (28. September) bei Herzogenrath Erdbeben auf. Nun gelangen diese beiden nördlichen Gebiete abwechselnd zur Thätigkeit, und als diese in Herzogenrath erlischt (2. December), lebt in Belluno die seismische Kraft neuerdings auf, die während des Decembers 1873 und Jänners 1874 abwechselnd oder gleichzeitig hier und im Odenwalde thätig ist.

Wir sehen somit, wenn man das Bild in Contouren entwirft, die Stosscentren während des Jahres 1873 längs einer ausgedehnten NW.—SO.-Linie zuerst vom südlichen Theile der Adria gegen Norden wandern, dann zurück nach Belluno. Dieser wechselweise Zusammenhang ist auf so viele Beobachtungen basirt, dass hier unmöglich mehr ein Zufall zur Erklärung herangezogen werden kann, es muss vielmehr die Existenz einer, diese drei habituellen Stossgebiete verbindenden seismischen Linie anerkannt werden.

Diese Thatsache wird uns so interessanter, wenn man beachtet, dass ich auf Basis von Homoseisten sowohl für das grosse Erdbeben von Belluno (29. Juni), als auch für jenes von Herzogenrath (22. October) Stosslinien construirte, wovon die eine (Adria-Spalte) in ihrer Verlängerung nach NW. directe den Odenwald trifft, während die andere (Aachener Querspalte) in ihrer südöstlichen Fortsetzung etwas südlich vom Odenwalde vorbeistreicht, und bei der Drehung um wenige Grade denselben treffen würde.

Die Zusammenstellungen *A* bis *D* geben uns für einen Zeitraum von fünf Jahren 26 Fälle, in welchen im westlichen Deutschland sowohl, doch ganz besonders häufig im Odenwalde, als auch in den südlichen Kalkalpen, dem Karst, und zum Theil auch in dem dinarischen Kettengebirge Erdbeben nahezu gleichzeitig, d. h. um wenige Tage verschieden, auftraten, und zwar nach Linien, von welchen bereits früher nachgewiesen wurde, dass die nach Kärnten, Krain, Venetien und Tirol fallenden Theile Stosslinien sind, ja einzelne hievon sich bei besonders heftigen Beben gleichzeitig auch in ihren nordwestlichen Verlängerungen in Deutschland zerstörend äusserten.

Es sei hier ferner noch erwähnt, dass die in den südöstlichen Kalkalpen auf Basis detaillirterer, von den vorstehenden Zusammenstellungen unabhängigen Studien nachgewiesenen vier NW.-Stosslinien sich in ihrer nordwestlichen Verlängerung in der Nähe von Darmstadt (Odenwald) schneiden; es kann auf Basis der von uns nachgewiesenen Stosslinien noch nicht endgiltig festgestellt werden, ob dieselben sich wirklich in Einem Punkte treffen, oder innerhalb eines verhältnissmässig kleinen Gebietes zum Durchschnitt gelangen, da sich diese Linien unter sehr spitzen Winkeln begegnen, wodurch die Genauigkeit der Construction in einem gewissen Grade beeinflusst wird. Zweifelsohne werden weitere Studien diese gewiss nicht uninteressante Frage entscheiden.

Es muss befremden, dass in den zuvor mitgetheilten Registern so wenige gleichzeitige Beben aus der Centralalpenkette und aus dem Odenwalde oder seiner Umgebung verzeichnet sind, und dass ferner eine zeitliche Beziehung zwischen letzterem und der nordöstlichen Kalkalpen für die Jahre 1872—1876 nicht nachweisbar ist. Ebenso muss es uns überraschen, dass wir in Deutschland selbst keinen Synchronismus der Erderschütterungen zwischen dem Odenwald und den hievon gegen O., SO. oder N. in entsprechender Entfernung liegenden Ländern nachzuweisen vermögen, wohl jedoch gegen NNW. und NW. hin, also in den Verlängerungen der besprochenen Stosslinien über Darmstadt hinaus.

Wenn man alle diese Thatsachen würdigt, so muss man sich gestehen, dass in Wirklichkeit Beziehungen zwischen den Beben um Darmstadt und jenen in den südlichen Kalkalpen, im Karst, und in dem dinarischen Kettengebirge bestehen, dass zwischen diesen beiden Polen ausgedehnte Strecken Landes liegen, welche keine, oder nur höchst selten, nahezu gleichzeitigen Erschütterungen empfanden, dass sich somit die seismische Kraft längs bestimmter Radiallinien äusserte, und zwar nahe dem Centrum sowohl, als auch vor und nach wenig Tagen an weithin entlegenen Punkten derselben, südlich oder südöstlich von den Centralalpen, bei diesen Wanderungen jedoch die letzteren meist überspannng.

Wir haben bereits früher darauf hingewiesen, dass die Erdbeben des Jahres 1873 längs der verlängerten Adria-Linie sprungweise wanderten; die gleiche Erscheinung lässt sich auch für den Beginn des Jahres 1874 nachweisen, da am 30. Jänner Lissa, am 31. Belluno und am 10. Februar der Odenwald erschüttert wurden. Am 3. August 1874 trat ein Beben in Pfungstadt (bei Darmstadt), am 10. um 7ʰ15ᵐ Früh in Bischofslack und

Laibach (Krain) und an demselben Tage 10ʰ 30ᵐ Abends in Lissa auf. Am 7. September 1876 wurde der Odenwald erschüttert, in der Nacht vom 11.—12. Oberkrain, vom 12.—13. September Salonichi. Ähnliche, hieher gehörige Zeitdifferenzen haben wir auch früher im mitgetheilten Beobachtungsmateriale angedeutet.

III. Die Nord- und Nordost-Querlinien.

Sie sind der Zahl nach in Kärnten am grössten — wir haben ihrer sechs —, der Intensität nach jedoch die untergeordnetsten. Wir haben bereits früher bemerkt, dass sich dieselben in Unterkärnten nahezu dem Meridian nähern, dass jedoch in demselben Maasse, als sie westlicher liegen, mit demselben einen grösseren Winkel einschliessen, und dass sie sich in ihrer nordöstlichen Verlängerung in der Gegend von Waidhofen an der Thaya, in Niederösterreich, schneiden.

Die nachfolgenden Stosslinien sind in ostwestlicher Richtung angeordnet.

1. Die Linie des oberen Lavant-Thales; dasselbe wurde am 18. Mai 1830 und am 20. Jänner 1877 erschüttert, ohne dass die Bewegungen ausserhalb dieses kleinen Gebietes fühlbar wurden. Es muss somit für das Lavant-Thal ein eigenes Centrum angenommen werden, welches der Mürz-, resp. Mur-Linie nahe liegt. Mit Rücksicht auf das geringe Verbreitungsgebiet dieser Beben lässt es sich nicht entscheiden, ob hier centrale oder transversale Beben vorliegen; wir müssen die Beantwortung dieser Frage späteren Untersuchungen überlassen. Selbstverständlich ist die Einreihung dieser localen Erschütterungen in die obgenannte Gruppe nur eine provisorische.

2. Die St. Veiter Linie; dieselbe ist von Tabor (bei Radmannsdorf in Krain) über den Loibl-Pass, ferner über Klagenfurt, St. Veit nach Friesach-Gurk gezogen, und trifft bei Tenfenbach (Steiermark) die Mur-Linie. Sie ist selten nach ihrer ganzen Länge activ, entweder der nördliche Theil bis gegen Klagenfurt, oder der südliche Theil, den wir die Loibl-Linie nannten. Die letztere äusserte sich während des ausgedehnten Laibacher Erdbebens im März 1511, und nach ihr breitete sich die zerstörende Wirkung gegen Nord hin aus. Ferner war sie am 11. August 1830, am 25. December 1840 thätig. Ob die localen Erdbeben am 20. November 1830, am 10. Juni 1835, 15. September 1841, 9. Februar und 5. April 1856 auf die Loibl- oder eine O.-W.-Linie zu beziehen sind, lässt sich darum nicht entscheiden, da die muthmasslichen Centren an Durchschnittspunkten beider liegen. Ebenso ist es nicht sicher, wenn auch wahrscheinlich, ob die auffallende Auswertung des Schüttergebietes des am 9. November 1856 stattgefundenen Bebens gegen Klagenfurt auf die Loibl-Linie bezogen werden soll.

Am 8. Jänner 1873 wurden Klagenfurt, Laibach, Idria, Adelsberg und Triest erschüttert, so dass wir berechtigt sind, die St. Veiter Linie südlich bis nach Istrien zu verlängern.

Die nördliche Partie der St. Veiter Linie, welche in ihrem der Steiermark nahe liegenden Theile einen seismischen Zusammenhang mit der Mürz-Mur-Linie erkennen lässt, ist sowohl durch ausgedehntere Beben, deren Schüttergebiete nach der erwähnten Linie besonders ausgedehnt sind, als auch durch die Centren mehrerer rein localer Beben, die in diese Linie fallen, bestimmt. Zu den ersten Gattung gerechnet werden die Erdbeben vom 21. August 1767, 9. Februar 1857, 30. October 1860, 16. September 1867, zu den zweiten die localen Erschütterungen der Umgebung von St. Veit 21. Februar 1825, 24. Februar 1825, 27. Jänner 1833, von Kreug am 24.—25. Juni 1844, von Neumarkt am 29.—30. September 1877, 2., 7. und 28. December 1877. Diese Zusammenstellung zeigt, dass die St. Veiter Linie besonders häufig wirksam war.

3. Die Rosegger Linie. Während des Bebens am 10. Juli 1850, welches circa 200 Quadratmeilen erschütterte, zeigte sich von dem Punkte grösster Intensität, Görz, das Schüttergebiet auffallend gegen NNO. (Himmelberg in Kärnten) gestreckt. Diese Stosslinie geht durch Rosegg, welches acht Jahre später (1857—1858) durch eine Reihe von Beben als habituelles Stossgebiet allgemein bekannt wurde. Die letzteren waren meistentheils innerhalb eines kleinen elliptischen Gebietes fühlbar, dessen Längsaxe mit der Stosslinie Görz-Himmelberg der Lage und Richtung nach zusammenfällt. Auch der Umstand, dass das Krainer Erdbeben am 7. März 1857 in Rosegg Mauerrisse bewirkte, während sonst dasselbe in Kärnten ganz untergeordnet auftrat, weist auf die

Rosegger Stosslinie hin. Die Beziehungen zwischen Rosegg und Obersteiermark sowohl, als auch Nieder-Österreich, zeigen von der weiteren Ausdehnung dieser Stosslinie gegen NW.

4. Das Nachbeben am 27. Jänner 1855 lässt eine auffallende Polarisation des Schüttergebietes von SW. nach NO. (Tarvis-Arriach) erkennen, doch liegen im NO. des Schüttergebietes die Nachrichten so dürftig vor, dass die genaue Lage dieser Stosslinie nicht sicher angegeben werden kann; interessant bleibt es, dass fast gleichzeitig in Niederösterreich ein Beben auftrat, dessen Centrum annäherungsweise in die Verlängerung dieser Linie fällt.

5. Die Tagliamento-Linie fällt so ziemlich mit dem mittleren Laufe des Tagliamento zusammen, trifft in ihrer nordöstlichen Verlängerung die Umgebung von Pontafel, und stimmt weiterhin mit dem Verlaufe des untern Theiles des Lieser-Thales überein. Sie wurde sowohl mit Hilfe von Homoseisten, von Zerstörungsgebieten, von axial gestreckten Schütterbezirken, als auch durch die Verbindung von Stosspunkten, welche sich innerhalb kurzer Zeit geltend machten, übereinstimmend gefunden. Gewöhnlich reicht ihre Wirkung bis Pontafel, oder bis Hermagor im Gail-Thale, selten bis in das Drau-Thal oder darüber hinaus. Obzwar sich ein Wandern des Herdes von SW. bis in das Lieser-Thal, z. B. im Jahre 1869, constatiren lässt, so ist es doch nicht nachweisbar, dass dieser nördliche Theil der Tagliamento-Linie gleichzeitig mit der südlichen Fortsetzung thätig war.

Die Tagliamento-Linie äusserte sich während des Villacher Erdbebens im Jahre 1348 durch viele grossartige Zerstörungen an Gebäuden von Venedig bis Tolmezzo. Sie war ferner thätig am 11. September 1868, 16. October 1869, 20. December 1869, 12. März 1873, 22. October 1876, 25., 26. und 27. Jänner 1877 und am 22. November 1878. Mit Rücksicht darauf, dass bei den nachfolgenden localen Erdbeben auch eine andere Stosslinie in der Nähe lag, muss es fraglich bleiben, ob dieselben auf die Tagliamentolinie zu beziehen sind, und zwar 31. October 1835, anfangs 1844, 10. October 1858 und die Bebenreihe von Malta vom 7. Juni 1862 bis 12. September 1866.

6. Die Obervellacher Linie verbindet St. Jakob im Lessach-Thale mit Obervellach im Möll-Thale; sie wurde nach der Polarisation des Schüttergebietes bestimmt, und zwar durch die Beben vom 13. September 1860 und insbesondere durch jenes am 7. März 1867. Die beiden Erdbeben am 26. und 27. Mai 1862, welche insbesondere Tirol, ferner den westlichen Theil Kärntens und den südlichen Salzburgs erschütterten, scheinen ebenfalls von NO.-Linien ausgegangen zu sein, welche sich von deren Meridianen noch weiter entfernten, als die Obervellacher Linie. Das mir vorliegende Beobachtungsmateriale lässt diese Schlussfolgerung höchst wahrscheinlich erscheinen, dass mit Rücksicht auf die Intensitäten das Beben von der Stosslinie Sillian-Heiligenblut ausging, deren nordöstliche Verlängerung ebenfalls Litschau (Nieder-Öst.) trifft.

Beziehungen der Nordost-Stosslinien mit Steiermark und Österreich (ob und unter der Enns).

Es wurde bereits früher hervorgehoben, dass sich die Verlängerungen der Kärntner NO.-Linien in der weiteren Umgebung von Waidhofen an der Thaya schneiden. Es muss dieser Thatsache um so grössere Bedeutung beigelegt werden, da wir aus der neueren Zeit, wo die Erdbeben sorglicher registrirt werden, Fälle von fast gleichzeitigen Erschütterungen des genannten Gebietes Niederösterreichs und eine innerhalb den Kärntner NO.-Linien kennen.

1. Die St. Veiter Linie war in der Nacht vom 24—25. Juni 1844 thätig; am 25. Juni wurden Ludweis und Drösiedl in Niederösterreich erschüttert; diese Orte fallen nur annähernd in die Verlängerung der genannten Stosslinie.

Am 12. Februar 1879 wurde Krain und der südliche Theil Kärntens erschüttert; in Bischofslack fühlte man bis zum Abend des 16. Februars mehrere Nachbeben; diese Erschütterungen pflanzten sich sowohl längs der Cöln-Laibacher (17. Februar, Rosenheim in Baiern), als auch gegen NO. fort; denn am 22. Februar Abends fühlte man in Aschbach (Niederösterreich, Gerichtsbezirk St. Peter) ein ziemlich bedeutendes Beben. Diese Linie Aschbach-Bischofslack fällt sehr nahe an die St. Veiter Linie, und da es nicht constatirt ist, ob jene Nachbeben nur in Bischoflack oder etwa auch etwas westwärts hievon ihr Centrum hatten, so ist es

11*

höchst wahrscheinlich, dass diese Erschütterungen auf die St. Veiter Linie zu beziehen seien. Die vollends genaue Bestimmung der Lage einer Stosslinie bedarf Reihen genauer Beobachtungen, die leider bisher selten vorliegen; wir müssen uns deshalb häufig mit der annähernd richtigen Einzeichnung begnügen.

2. Die Rosegger Linie war am 25. December 1857 thätig; fast gleichzeitig wurde Admont, Lietzen (Steiermark) und Windischgarsten (Niederösterreich) erschüttert; letztgenannte Orte fallen in die Verlängerungen der zuvor genannten Stosslinie, welche am 8. und 10. April 1858 in Rosegg wiederum activ war; an demselben Tagen verspürte man in Josefsthal bei Lietschau (Niederösterreich) Erdbeben; dieser Ort entspricht in seiner Lage der weiteren nordöstlichen Verlängerung der Rosegger Stosslinie.

3. Am 27. Jänner 1855 wurde Tarvis, Bleiberg, Arriach durch ein Erdbeben erschüttert, dem eine NO.-Linie entspricht, deren genaue Lage jedoch nicht sicher constatirt werden kann; wenige Tage später, am 1. Februar, trat zu Josefsthal (Niederösterreich) eine Erderschütterung auf.

4. Die Tagliamento-Linie war am 12. Februar 1869 activ; Tags zuvor wurde nach Dieffenbach Katzdorf (bei Mauthausen, Oberösterreich) erschüttert, welches in die Verlängerung jener Stosslinie fällt.

Es sei hier noch in Erinnerung gebracht, dass die von E. Suess mit so grosser Sicherheit construirte Kamp-Linie ebenfalls in der nordwestlichen Ecke Niederösterreichs eintrifft. Ferner habe ich gelegentlich der Untersuchung des Erdbebens von Belluno (29. Juni 1873), sowohl auf Basis der Zeit- als auch Intensitäts-Beobachtungen nachgewiesen, dass damals auch eine Stosslinie activ war, welche von Salzburg nach Freystadt zu ziehen ist und in ihrer Verlängerung ebenfalls in den nordwestlichsten Theil Niederösterreichs eintreffen würde.

Die Stosslinien und die Entstehung der Alpen.

Die Untersuchungen über die Kärntner Erdbeben und mehrerer Erderschütterungen anderer Gebiete der südlichen Kalkalpen ergaben ein System von Stosslinien, längs welchen sich die seismische Kraft zu wiederholten Malen in höherem oder geringerem Grade äusserte. Theils dieser Umstand, theils die Thatsache, dass mehrere dieser Stosslinien nach den verschiedensten Methoden übereinstimmend festgestellt wurden, schliessen etwaige Irrungen oder Willkürlichkeiten aus; eine überraschende Bestätigung von dem im Allgemeinen richtigen Verlauf dieser Stosslinien in der südlichen Zone unserer Alpen finden wir in der Thatsache, dass sich Erderschütterungen nahezu gleichzeitig in entfernteren Gebieten geltend machten, in den nördlichen Kalkalpen sowohl, als auch im südlichsten Theile des böhmischen Massivs und in der weiteren Umgebung des Oslenwaldes, welche in die Verlängerungen gewisser Stosslinien unserer Südalpen fallen, ja es lässt sich sogar für eine Reihe von Beben nachweisen, dass im Süden eine seismische Linie thätig war, und dass bald zuvor, doch in den meisten Fällen bald nachher in einem der genannten nördlichen Gebiete ein locales Beben auftrat, dessen Verbreitungsbezirk in die Verlängerung der betreffenden Linie fällt.

Wir lernten eine Reihe von Bruchlinien, von dem obersten Laufe der Mur bis zum Terglou, kennen, welche ein im Allgemeinen west-östliches Streichen zeigen und übereinstimmen mit jenen Längenbrüchen, welche für den Aufbau der Gebirgsketten bestimmend und meist durch weitgedehnte Thäler oder Depressionen gekennzeichnet sind. Diese Linien müssen normal zur Richtung jener Kraft gestellt sein, welche aus dem einstigen horizontalen Schichtensysteme eine Reihe von Falten, naturgemäss verbunden mit Überschiebungen, bildete.

Prof. E. Suess[1] hat in umfassender Weise aus der Lage dieser Gesteinsfalten innerhalb der Alpen nachgewiesen, dass jene Kraft, annähernd horizontal wirkend, im Allgemeinen von S. nach N. gerichtet sein musste; eine Reihe von Versuchen, welche ich vor Jahren begonnen habe, bestätigt diese Anschauungen.

Doch auch die vorliegenden seismologischen Studien beweisen, dass diese stauende, zur Erde tangentiale Kraft auch noch heute wirkt. Die Thatsache, dass die alten Bruchlinien innerhalb der südlichen und centralen Alpenzone nicht vernarbten, sondern sich immerfort noch als seismische Linien zu

---

[1] Die Entstehung der Alpen. Wien 1875.

erkennen geben, rechtfertigt diese Annahme; dieselbe wird aber wesentlich gestärkt, wenn wir die übrigen Stosslinien berücksichtigen, wie sie von uns aus dem früher mitgetheilten Materiale abgeleitet und in die Karte (Taf. II) eingezeichnet wurden.

Wir sehen ein System von Linien gegen NO. gerichtet, welche sich im südlichsten Theile des böhmischen Massivs schneiden, und von welchen wir sowohl Fragmente an der Donau, als auch an der steierisch-österreichischen Grenze nachweisen können. Wir sehen diesem Mittelpunkte ferner noch die von Prof. E. Suess in Niederösterreich nachgewiesene Kamp-Linie und im W. eine zweite Linie zustreben, welche ich vor Jahren auf Basis der Homoseisten constatirte, und die Salzburg mit Freystadt verbindet.

Andererseits bemerkt man ein Bündel von Stosslinien, gegen NW. gerichtet, das sein Centrum im Odenwaldgebiete besitzt. Einzelne dieser Linien konnten in ihrem südlichen Theile auf grosse Länge hin sichergestellt werden, andere machten sich im Norden Tirols oder in Schwaben und Franken geltend. Wir haben ferner lange Reihen von Erderschütterungen zusammengestellt, aus welchen nicht blos ein Zusammenhang der Beben der südlichen Kalkalpen und des Karstes mit jenen des Odenwaldes unzweifelhaft hervorgeht, wir haben hierauf und zum Theile auch auf Basis älterer Beobachtungen hingewiesen, dass sich diese Stosslinien auch weiter noch gegen NW., in die Rheinlande, verfolgen lassen und wollen hier auch andeuten, dass auch in ihre südöstlichen Verlängerungen, in Griechenland, habituelle Stossgebiete fallen, welche fast gleichzeitig mit jenen Dalmatiens, Krains und des Odenwaldes activ waren.

Jene beiden Bündel seismischer Linien, deren einzelne Strahlen von der geraden Linie im grossen Ganzen nur wenig abzuweichen scheinen, haben ihre Centren in zwei Gneissgebieten, welche übereinstimmend zu den ältesten Bildungen der Erdkruste gerechnet werden und sind unseren Alpen gegen N. hin vorliegend. Von dem böhmischen Massive hat bereits Prof. E. Suess eine rückstauende Wirkung auf die Bewegung der Alpen nachgewiesen und u. a. in dem nach S. gerichteten Ausbug der jüngeren Schichten, welcher seinen Scheitel etwa bei Admont hat, einen sprechenden Beweis für seine Anschauung gefunden. Wollen wir absehen von einer gleichen Biegung der Formationsgrenze zwischen dem Silur und den krystallinischen Schiefern in der oberen Steiermark, wollen wir auch unbeachtet lassen die vollends übereinstimmende Krümmung jenes Zuges der Urkalklager, welcher etwa bei Judenburg die Mur verquert, sondern blos unsere seismischen Linien im Auge behalten, so spiegelt sich auch hier dieselbe Thatsache wieder, wie dies am deutlichsten die Dobratsch-Linie mit ihrem gegen NNW. aufgebogenen Aste zeigt. Auch die Lacker Linie, welche die Alpen vom Karste trennt, zeigt, soweit sie Österreich angehört, einen ganz ähnlichen Verlauf.

Die Rückstauung der älteren Massen auf jene Schichtensysteme, welche sich zu denselben hinbewegen, wurde auch für einen anderen Theil des Alpengebietes, vom Jura, durch Jourdy, Merian und Müller nachgewiesen. Wenn wir selbst von allen diesen Untersuchungen und von der Thatsache absehen, dass im Alpengebiete die Falten fast durchwegs in nördlicher Richtung überschoben erscheinen und ausschliesslich nur bei unseren seismologischen Untersuchungen verbleiben, so kommen wir ebenfalls zu dem Resultate, dass die stauende Kraft in den Alpen, von der venetianischen bis zur baierischen Ebene, im grossen Ganzen eine Richtung von S. nach N. auch dermalen hat.

Die W.-O.-Linien, Längsbrüche darstellend, könnten, abgesehen von den bekannten stratigraphischen Beobachtungen aus blos seismischen Gründen, sowohl aus einer S.--N., als auch N.—S. gerichteten Kraft abgeleitet werden; doch die NO.- und NW.-Linien, d. s. Querbrüche von dem verschiedensten Alter, müssen diese Frage entscheiden. Wenn wir uns die gesammte Erdmasse zwischen dem Odenwalde, Böhmerwalde und der Adria in Bewegung denken, etwa gleich jener eines Gletschers, doch mit unvergleichlich viel geringerer Geschwindigkeit, so ist nach allen Beobachtungen über die Spalten und Sprünge in jenen Eismassen eine Bewegung von N. nach S. in vorhinein ausgeschlossen. Wir haben in jenen Querbrüchen dieselbe Erscheinung, welche uns im Gletscher als sogenannte Randspalten vorliegen, d. s. jene Spalten, welche sich von den Ufern des Gletschers schräg nach aufwärts, also der Bewegungsrichtung entgegengesetzt, ziehen und deren Erklärung schon Hopkins in allgemein befriedigender Weise gegeben hat. Er erklärt sie daraus, dass die Geschwindigkeit des Gletschers in der Mitte grösser als an seinen Rändern ist, da hier die Reibung relativ zur bewegenden Kraft grösser ist, als im mittleren Theile des Gletschers. Eine analoge Erscheinung liegt auch in unserem Falle vor. Wenn die Erdmasse von S. nach N. geschoben wird, gleichsam wie beim Gletscher in dieser Richtung abfliesst, so hat sie im böhmischen Massive einerseits und in dem alten Gebirgsrücken Schwarz- und Odenwald anderseits ihre beiden Ufer; es werden Randspalten entstehen müssen, welche die bewegende Masse derart verqueren, dass sie stromaufwärts, also südwestlich und südöstlich gerichtet sind. Überdies wird die sich nach N. bewegende Masse gleichsam in einen keilförmig sich verengenden Canal hineingepresst, welcher seine grösste Verengung zwischen dem Odenwalde und dem Fichtelgebirge besitzt, so dass der Odenwald auch darum für die Bildung von besonderer Bedeutung sein muss.[1]

Die Alpen haben sich dem böhmischen Massive und dem Schwarzwalde schon bedeutend genähert; dies sind gleichsam die beiden Stützpunkte eines Balkens, welcher gleichmässig durch den gegen N. gerichteten Druck belastet ist; es ist klar, dass seine Ausbiegung, verbunden mit Dislocationen verschiedener Art, am leichtesten im mittleren Theile vor sich gehen wird. Aus diesem und aus dem früher Erläuterten wird es uns auch verständlich, warum längs der NW.- und den W.-O.-Linien, letztere der fortwährenden Aufstauung entsprechend, in den Südalpen und dem Karste die verheerenden Erdbeben auftraten, während die NO.-Linien für diesen Theil der Alpen von vollständig untergeordneter Bedeutung sind.

Die Alpen haben nun die Tendenz, zwischen dem Böhmerwalde und dem Schwarzwalde gleichsam festgehalten, sich gegen N. hin auszubiegen; in der That finden wir z. B. die Grenze der Triasformation in den Südalpen nördlich von Belluno nordwärts gekrümmt und in den Nordalpen stellt damit übereinstimmend die Linie Saalfelden-Wörgl-Zirl einen Bogen dar, dessen Scheitel gegen Mitternacht gerichtet ist.

Es liegen mehrere Andeutungen vor, welche vermuthen lassen, dass die gebirgsbildende Kraft nicht genau von S. nach N., sondern gegen NW. gerichtet sei; doch diese Studien sind noch nicht abgeschlossen, ebenso ist es weiteren Untersuchungen vorbehalten, wie so es kommt, dass die NW.-Spalten, ungestört in das Gebiet des Karntes und der dinarischen Alpen fortsetzen und daselbst vollends zu kräftig ausgesprochenen Längsbrüchen werden, während sie innerhalb der eigentlichen Alpen von meist untergeordneter tektonischer Bedeutung sind; vielleicht sind einige weiter unten folgende Betrachtungen im Stande, für die Lösung dieser Frage einige Andeutungen zu geben.

Daraus, dass sich die seismischen Linien auch jenseits des Odenwaldes fortsetzen, dass beispielsweise während des grossartigen Erdbebens im Jahre 1690 nicht blos die NW.-Linien innerhalb des südöstlichen Alpensystems, sondern auch in Schwaben und Franken activ waren und sich gleichzeitig auch bei Cöln ein Centrum bildete, dass wir ferner in neuester Zeit ein förmliches Wandern der Stosscentren zwischen dem Odenwalde und der Gegend von Belluno einerseits und Herzogenrath anderseits constatiren konnten, geht hervor, dass der Odenwald nicht ein absolut unverrückbarer Pfeiler innerhalb der Erdkruste ist, sondern dass er sich ebenfalls, wenn auch in wesentlich geringerem Grade als die Alpen selbst, in allgemein nördlicher Richtung bewegt.

Auf eine interessante Thatsache, welche die Karte (Taf. II) lehrt, sei noch hingewiesen. In den südöstlichen Kalkalpen, unserem engeren Studiengebiete, bemerken wir, dass sich an gewissen Punkten die wichtigeren Stosslinien aller drei Systeme schneiden, wie z. B. in Hermagor, Rosegg, in der Nähe von Klagenfurt, in Lack, Gemona und in der Nähe des Terglou; mehrere dieser Schnittpunkte sind wegen der besonderen Häufigkeit ihrer Beben bekannt, wie dies aus den mitgetheilten Materialien erhellt. Die Erklärung dieser Erscheinung ergibt sich nun von selbst.

Die eingehenden Untersuchungen v. Mojsisovics' constatirten in den venetianischen Kalkgebirgen zwei langgedehnte Spalten, die Bellueser- und Valangana-Spalte, welche sich im W. nahezu vereinen; nach den vorliegenden geologischen Karten über den Nordosten Venetiens ergibt sich bei einem Vergleiche mit den

---

[1] Eine ähnliche rasche Druckveränderung, doch im verkehrten Sinne erfolgend, muss durch die Stauung im südlichen Theile des Schwarzwaldes Stosslinien hervorrufen, welche auch bis in die Ostalpen herüberreichen; im Jahre 1878 scheinen diese Schwarzwaldlinien wiederholt activ gewesen zu sein. (Siehe C. W. C. Fuchs' Catalog.)

Einzeichnungen, dass sich diese beiden Spalten auch gegen O. wieder näher rücken und sich nordwestlich von Udine vereinigen; die weitere östliche Fortsetzung fällt mit der von uns nachgewiesenen Lacker Spalte (früher Laibacher genannt) zusammen. Von der Valsugana-Linie hat v. Mojsisovics [1] nachgewiesen, dass ihre Entstehung älter ist, als die der Faltungen in dem nach S. vorliegenden Gebiete, welches längs dieser Spalte in die Tiefe sank. Bei derartigen Senkungen muss der Druck, welcher auf die Spaltebene wirkt, nicht blos auf das Liegende, sondern auch gegen das Hangende faltend einwirken; die entstehenden Falten sind stets, wie dies meine Versuche zeigen, mit ihren Kämmen von der Druckebene weggewendet, so dass im Gebiete südlich von der Valsugana-Spalte die Falten gegen S. überbogen sein müssen, wie dies auch Prof. E. Suess als Beispiel einer für die Alpen abnormalen Stellung, deren Entstehung er unaufgeklärt lässt, hervorhebt. Nach den gegebenen Andeutungen ist diese Ausnahme von der in unseren Alpen allgemein herrschenden Gesetzmässigkeit, dass nämlich die Faltenwürfe und Überschiebungen stets gegen N. gekehrt sind, genügend aufgeklärt.

Und dieselbe abnormale Lage der Falten, wie sie von Valsugana bekannt ist, findet sich auch weiter im O., unmittelbar südlich von der Lacker Linie, welche, wie erwähnt, als die Fortsetzung der Valsugana-Spalte aufzufassen ist, wieder; auch hier sind die Falten gegen S. überbogen, wie dies aus den Profilen Stur's [2] über das obere Isonzo-Gebiet unzweifelhaft hervorgeht, was bisher, wie es scheint, gänzlich übersehen wurde. Auch hier ist der südliche Theil um mehr als tausend Meter abgesunken, einerseits die eigentlichen Kalkalpen nordwärts, andererseits das Karstgebiet südwärts anfaltend, bis dieses weiter der Adria zu einem abermals abnormalen Druck, welcher aus NO. kam, angesetzt wurde.

Die Bedeutung der Senkungsfelder in der Geschichte der Geotektonik findet immer allgemeinere Würdigung; die sinkenden Schollen drücken auf ihre Umfassungsmauern, welche den empfangenen Druck in die Arbeit des Faltenwerfens oder des Überschiebens, kurz der Gebirgsbildung umsetzen; ob dieser seitliche Schub allein zur Entstehung aller Gebirge ausreichte, oder ob noch andere nahezu horizontal wirkende Kräfte zu Hilfe zu nehmen sind, möge hier unerörtert bleiben.

Die Senkungsfelder bilden zum grössten Theile den Boden unserer jetzigen grossen Wasserbecken, der Meere, und entziehen sich deshalb unseren Studien viel mehr, als die aufgestauten Umrahmungen. Dass jedoch auch hier noch dermalen die Senkungen vor sich gehen, wie es scheint, manchmal ruckweise, beweisen die Seebeben, welche in weitaus grösserer Zahl mit einer Depression des Wasserspiegels, mit einem Wellenthale beginnen, wie dies das Zurückweichen des Meeres an den Küsten beweist, womit die Seebeben fast immer beginnen. [3]

Schon Suess wies auf das ausgedehnte eingesunkene Adria-Land hin und v. Mojsisovics [4] schliesst sich nicht blos dieser Anschauung vollinhaltlich an, sondern hält es für wahrscheinlich, dass dieses Gebiet zur Miocänzeit sank; wie es die Funde von Torf und Landschnecken in grösserer Tiefe zu Venedig als wahrscheinlich erscheinen lassen, dürften diese Senkungen auch jetzt noch erfolgen. Die nördliche Begrenzung dieses gesunkenen Adria-Landes bildet die Lack-Valsugana-Spalte, welcher z. B. beim Terglou einer Terrainabsitzung entspricht, die sogar etwas weiter nach als die grösste im adriatischen Meere gelothete Tiefe beträgt. Wie weit nach W. diese Linie verfolgt werden kann, werden weitere Untersuchungen nachweisen; doch nach der Terraingestaltung zu schliessen, begrenzt sie die lombardische Ebene im N. und biegt sich am östlichen Fusse der Südwestalpen ziemlich rasch nach S. ab. Nachdem der Apennin durch einen in der Richtung gegen NO. gerichteten Seiten-

---

[1] Die Dolomit-Riffe, S. 530.

[2] Das Isonzo-Thal von Flitsch abwärts bis Görz (Jahrb. d. k. k. geol. Reichsanst. Jahrg. 1858, incl. S. 360, 361, Durchschnitt III und V; diese beiden Profile beginnen im Norden in nächster Nähe der Lacker Linie).

[3] Schon Kluge (Über die Ursachen der in den Jahren 1850 bis 1857 stattgefundenen Erderschütterungen) wirft bezüglich der Seebeben die Frage auf: „Warum beginnen die Fluthwellen des Meeres fast stets oder wohl immer mit einem Rückzuge desselben?" Und weiter unten führt er fort: „Wie können wir also auf einmal das Aufthürmen von Fluthen bis 80' Höhe erklären, und wie können wir erklären, dass dieselben erst gewöhnlich (auch an den beiderseitigen gegenüberliegenden Küsten) mit einem Rückzuge des Wassers beginnen?" Die Antwort ist wohl einfach die oben gegebene Erklärung.

[4] Die Dolomit-Riffe, S. 531.

schub aufgerichtet wurde, so muss die weitere westliche Begrenzung des grossen Adria-Senkungsgebietes jedenfalls westlich vom Apennin liegen, und im Allgemeinen von NW. nach SO. verlaufen.

Wir haben schon früher angedeutet, dass in Istrien die Kreide- und Eocänschichten zu Falten aufgerichtet sind, welche nach SW. überschoben erscheinen und somit von einer aus NO. kommenden Kraft gestaut wurden. Dieser Druck ging von jener Spalte aus, welche das grosse Senkungsfeld der Adria im O. begrenzt, sie muss somit östlich von jenen langen von NW. nach SO. streichenden Faltenwürfen liegen. Es wird nun ebenfalls die Aufgabe künftiger Forschung sein, diese Ostgrenze zu bestimmen; doch vermuthe ich, dass dieselbe nicht allzuweit landeinwärts zu suchen sein wird. Denn im äussersten S. Dalmatiens, in der Zupa, fand ich zwar die cretacischen Sandsteine und Conglomerate gegen NO. bis O. verflächend und die Triaskalke scheinbar unterteufend; doch eine Excursion von Cattaro bis Cetinje belehrte mich, dass dieses ganze, hohe Kalkgebiet, dessen Schichten dem Meere zufallen, überkippt ist, so dass ich im W., z. B. bei Njegusch, Äquivalente unserer Esino-Kalke, weiter landeinwärts schwarze Schiefer fand, welche, wie an mehreren Stellen in Kärnten, von einer Terebratelbank begleitet werden und unseren Raibler-Schichten gleichzustellen sind; sie werden von dünngeschichteten Kalken (Torer Schichten?) unterlagert; die scheinbar tiefsten Kalke, welche anstehen, bevor man in die grosse Doline von Cetinje tritt und weiss und grau gefärbt sind, die Dachsteinbivalve sowohl, als auch Lithodendron sehr häufig führen, entsprechen unserer rhätischen Stufe. Wir finden hier fast das gleiche Profil wie in Raibl, doch in verkehrter Reihenfolge. Die Kalkbänke liegen in der Nähe Cetinje's beinahe flach, gegen Njegusch stellen sie sich bis zu 40° und in der Nähe Cattaros sind sie fast senkrecht; durchwegs verflächen sie gegen SW. oder W. Eine derartige Schichtenlage setzt einen von SW. kommenden Druck voraus, ja es ist wahrscheinlich, dass der jähe Absturz der Triaskalke nach Cattaro der Ostgrenze des adriatischen Senkungsfeldes angehört, womit auch das nordöstliche Verflächen cretacischer Schichten in der Zupa übereinstimmen würde. Leider war es mir nicht möglich, Profile über die Grenzgebiete zwischen Dalmatien und Bosnien aufzufinden, welche für die definitive Beantwortung der aufgeworfenen Frage absolut nothwendig sind.

INHALT.

Berichtigungen.

Seite 15, Zeile 10 v. u.: 1° 16″ statt 1° 26″.
  „ 22, „ 15 v. o.: nach 9. Februar ist ein ? einzuschalten.